福建江夏学院学术著作资助出版

福建江夏学院科研创新团队（23ktxs03）支持计划资助

金融发展

对企业创新的
影响机制研究

周家梁 著

中国财经出版传媒集团

经济科学出版社

Economic Science Press

·北 京·

图书在版编目（CIP）数据

金融发展对企业创新的影响机制研究 / 周家梁著 .
-- 北京：经济科学出版社，2023. 12
ISBN 978 - 7 - 5218 - 5288 - 2

Ⅰ. ①金… Ⅱ. ①周… Ⅲ. ①金融业 - 经济发展 - 影
响 - 企业创新 - 研究 Ⅳ. ①F273. 1

中国国家版本馆 CIP 数据核字（2023）第 201240 号

责任编辑：张 燕
责任校对：王京宁
责任印制：张佳裕

金融发展对企业创新的影响机制研究
JINRONG FAZHAN DUI QIYE CHUANGXIN DE YINGXIANG JIZHI YANJIU

周家梁 著
经济科学出版社出版、发行 新华书店经销
社址：北京市海淀区阜成路甲 28 号 邮编：100142
总编部电话：010 - 88191217 发行部电话：010 - 88191522
网址：www. esp. com. cn
电子邮箱：esp@ esp. com. cn
天猫网店：经济科学出版社旗舰店
网址：http://jjkxcbs. tmall. com
固安华明印业有限公司印装
710 × 1000 16 开 14. 75 印张 220000 字
2023 年 12 月第 1 版 2023 年 12 月第 1 次印刷
ISBN 978 - 7 - 5218 - 5288 - 2 定价：76. 00 元
（图书出现印装问题，本社负责调换。电话：010 - 88191545）
（版权所有 侵权必究 打击盗版 举报热线：010 - 88191661
QQ：2242791300 营销中心电话：010 - 88191537
电子邮箱：dbts@ esp. com. cn）

前言

在经济新常态的发展阶段，我国应加大力度实施创新驱动发展战略，着力提升自主创新能力，激励企业等创新主体开展研发创新活动，加强社会创新系统和创新体系建设，以推动经济高质量发展和克服经济社会发展过程中的矛盾。不可否认的是，高效的金融体系和高质量的金融发展水平能够对企业创新形成强大支撑和有力保障。近年来，中国政府高度重视发挥金融服务实体经济的作用，尤其是发挥金融对创新型企业的支持作用，强调和鼓励金融机构加大金融有效供给，创新金融服务模式，建立和完善科技创新投融资体系，为加速实施创新驱动发展战略和推进"大众创业、万众创新"提供金融支持和资金保障。基于上述背景，本书研究了金融发展对企业创新的影响机制问题，以期为金融更精准地服务企业创新、健全技术创新投融资体系，进而完善金融对企业创新的支持制度提供依据和理论支撑。

本书从理论和实证层面，从两个视角系统研究了金融发展对企业创新的影响机制，分别从企业外部融资视角考察金融发展如何通过企业融资约束机制和企业股权融资机制对企业创新产生影响，分析企业融资约束和企业股权融资在金融发展与企业创新关系中的中介效应；从企业资本配置视角考察企业金融资产配置调节机制在金融发展影响企业创新过程中的作用，分析企业金融资产配置对金融发展和企业创新之间关系的调节效应。

本书首先理论分析了金融发展对企业创新的影响机制，在此基础上，运用2007～2017年沪深A股制造业上市公司数据和省级层面数据实证分析了金融发展对企业创新的影响，从而为实证检验具体影响机制奠定基础。实证结果表明，金融发展规模的扩大、金融发展结构的改善、金融中介发展、资本市场发展均显著增加企业专利申请量，对企业创新均具有显著的促进作用，因此，金融发展显著促进企业创新，这与已有文献的研究结论相符。

从企业外部融资视角来研究金融发展对企业创新的影响机制，我们运用中介效应模型实证检验发现，第一，金融发展显著促进企业融资约束缓解，以及企业融资约束缓解对企业创新具有显著的促进作用，这证实了企业融资约束中介效应的存在，金融发展通过缓解企业融资约束进而促进企业创新，也就是说，金融发展通过企业融资约束机制对企业创新产生促进作用。第二，作为金融发展重要表现形式的银行业竞争，也是通过减轻企业融资约束进而提升企业创新水平，这进一步表明企业融资约束这一机制的存在。第三，金融发展显著促进企业股权融资，以及企业股权融资对企业创新具有显著的正向促进作用，这证实了企业股权融资中介效应的存在，金融发展通过促进企业股权融资进而提升企业创新水平，也就是说金融发展通过企业股权融资机制对企业创新产生促进作用。第四，股权投资者在筛选企业进行投资时，更偏向高创新依赖企业，因此高创新依赖企业更易通过股权融资筹集到研发资金。

从企业资本配置视角来研究金融发展对企业创新的影响机制，本书运用调节效应模型实证检验发现，第一，企业金融资产配置显著抑制金融发展对企业创新的促进作用，对金融发展和企业创新之间的关系具有显著的负向调节效应，随着企业金融资产配置程度的提升，金融发展对企业创新的促进作用减弱，也就是说，企业金融资产配置机制是一种调节机制，这种调节机制削弱了金融发展对企业创新的促进作用。第二，企业短期金融资产配置显著抑制金融发展对企业创新的促进作用，而长期金融资产配置对金融发展和企业创新之间的关系不存在显著影响，这表明企业金融资产配置调节机制主要是短期金融资产配置在起作用，而与长期金融资产配置没有显著关系。第三，企业金融资产配置显著抑制企业股权融资对企业创新的促进作用，这说明企业金融资产配置调节机制的发挥，很重要的途径是通过占用企业股权融资获得的资金，而对企业的创新投入形成"挤出效应"。

　　本书从以上两个视角研究了金融发展对企业创新的影响机制，最后，本书基于企业异质性和企业创新质量的视角，重新审视金融发展的创新效应，考察金融发展对企业创新的异质性影响，以及金融发展对企业创新质量的影响。我们通过实证分析金融发展对企业创新的异质性影响，发现从所有权异质性来看，相较于非国有企业，金融发展对国有企业创新的正向影响更为明显；从行业属性异质性来看，与高科技企业相比，金融发展对一般企业创新的正向促进作用更加显著；从地区异质性来看，相较于东部地区企业，金融发展对中西部地区企业创新的促进作用更加明显；从规模异质性来看，与中小型企业相比，金融发展在很大程度上对大型企业创新的促进作用更加显著。我们通过实证分析金融发展对企业创新质量的影响，发现金融发展规模的扩大、金融发展结构的改善、金融中介发展、资本市场发展均显著提升企业创新质量，因此，金融发展对企业创新质量的提升具有显著的促进作用。进一步分析其影响机制，我们发现金融发展通过缓解企业融资约束和促进企业股权融资，进而提升企业创新质量，也就是说，金融发展也是通过企业融资约束机制和企业股权融资机制促进企业创新质量的提升。

　　基于理论和实证分析的结论，并结合我国金融发展实践，本书从金融发展角度提出促进企业创新的政策建议。首先，逐步缓解企业创新融资约束，要进一步推进金融市场化改革，提升资本配置效率；促进银行信贷向创新型企业适度倾斜；进一步促进资本市场发展；改善金融机构与企业之间的信息不对称。其次，发挥股权融资对企业创新的支持作用，要加快完善多层次股权融资体系；丰富股权融资市场投资者群体和股权融资资金来源；优化政府创投引导基金运作，引导社会资本投资创新型企业。最后，发挥金融创新对企业创新的助推作用，要支持适合于企业创新融资需求的金融产品创新；进一步推进与知识产权有关的金融创新；创新服务企业技术创新的间接融资方式。

目 录

CONTENTS

第1章

导 论

1.1 研究背景与意义

1.1.1 研究背景

改革开放以来，随着我国经济发展取得显著成就，金融市场蓬勃发展，金融业规模日益增大，金融体系逐步完善，已从过去单一的银行信贷业务，扩展为涵盖信贷、证券、保险、信托、租赁、期货等种类齐全、功能互补、与社会主义市场经济相符合的现代金融体系。同时，金融基础设施和金融服务体系日臻健全，有效实施逆周期调节的宏观金融调控体系也在逐步完善。在金融业资产方面，截至 2019 年，中国金融业总资产达到了 318.69 万亿元，其中，银行业总资产为 290 万亿元、证券业总资产为 8.12 万亿元、保险业总资产为 20.56 万亿元①。分市场来看，在

---

① 资料来源：2019 年末金融业机构总资产318.69 万亿元［N/OL］. 中国人民银行，http：//www. pbc. gov. cn/goutongjiaoliu/113456/113469/3993266/index. html.

股票市场方面，逐步建立了涵盖主板、创业板、新三板、区域性股权市场的多层次的股权市场体系；在债券市场方面，我国已形成包括交易所市场、银行间市场和商业银行柜台市场在内的统一分层的、多元化的债券市场体系；在保险市场方面，初步形成由保险公司、再保险公司、保险资产管理公司、保险中介机构等市场主体构成的保险市场体系，产品范围囊括财产保险、人寿保险、医疗保险、再保险等品种。在金融监管体系方面，我国形成了以中央金融委员会办公室、中国人民银行、银保监会和证监会为主体的金融监管架构，基本建立了有效维护金融稳定和安全以及有效防范系统性金融风险的金融监管体系，以确保金融市场的正常运行和良性发展。同时，为适应金融行业的迅速发展，各项金融监管制度日益健全，监管规则逐步完善，监管决策机制和监管方式方法更加高效、科学、合理。

金融作为现代经济的"血液"，在经济体系中居于重要的核心地位。金融的本质是促进资本的合理利用和边际生产率提高，提升投融资水平和效率，引导社会资本从低效率部门向高效率部门转移，以实现社会经济资源的优化配置，进而促进经济发展。而其配置经济资源功能的有效发挥主要在于金融系统在调动储蓄、引导储蓄向投资转变、投资项目甄别等过程中拥有降低交易成本和交易风险，以及提供流动性等属性，并引致资源配置的优化和经济效率的改善。因此，金融的本质和基本功能决定了金融是服务于实体经济的，它在调控宏观经济运行、调整经济结构和产业结构、促进企业融资和成长等方面具有至关重要的特殊作用，这也清晰地指明金融发展必须将造福实体经济当作出发点和落脚点。正如习近平总书记在 2017 年全国金融工作会议上指出："金融是实体经济的血脉，为实体经济服务是金融的天职，是金融的宗旨"①。另外，随着中国经济的快速增长，金融市场也获得迅速成长，金融体系日渐完善，不可否认的是，金融发展更有利于其服务实体经济和促进国家经济增长

---

① 习近平出席全国金融工作会议并发表重要讲话 ［N］. 中国日报，2017 –07 –16.

作用的有效施展，国内外学者对金融发展和经济增长之间的关系做了许多的探索，并且金融发展对经济增长的促进作用在诸多文献中得到印证（Grossman & Helpman，1991；Bercivenga & Smith，1991；King & Levine，1993；Khan，2001；周立和王子明，2002；战明华，2004）。

随着中国经济发展进入新常态，经济增长由高速增长阶段转变为高质量发展阶段，经济高质量发展意味着需要转变经济发展方式，加速培育新产业、新业态、新动能，提高全社会技术创新水平，这就更需要充分发挥金融服务实体经济的功能，提升金融市场资源利用效率，把更多金融要素运用到新兴产业和技术创新领域。就现阶段而言，随着中国创新驱动发展战略的稳步实施，以及深入推进供给侧结构性改革，全社会创新元素不断涌现，中国的科技实力显著增强，但与技术先进国家相比，中国的创新能力整体上依然偏弱，还难以满足社会主义现代化建设的现实需求，以及无法在日趋激烈的国际竞争中居于有利位置。因此，在当前社会主义新时代，我国应加大力度实施创新驱动发展战略，提升自主创新能力，激励市场创新主体开展研发活动，加强社会创新系统和体制机制建设，以推动经济高质量发展和克服经济社会发展中的矛盾。

技术创新是一个复杂和系统的过程，拥有投入高、风险大和周期长等特征，因此，企业创新不仅需要资金支持，还需要分散风险，而金融市场所具有的融资功能和风险转移功能恰好能为企业技术创新提供保障和服务。不可否认的是，高效的金融体系和高质量的金融发展水平能够对企业创新形成强大支撑和有力保障，换句话说，通过促进金融资源合理配置，提升资本利用效率，缓解企业融资约束，拓展企业融资渠道，进而使得企业能够更高效地获取研发创新所需的资本要素，对企业创新而言至关重要。近年来，中国政府高度重视发挥金融对实体企业的服务功能，尤其是发挥金融对创新型企业的支持作用，强调和鼓励金融机构通过加大金融有效供给，创新金融服务模式，建立健全科技创新投融资体系，为加速实施创新驱动发展战略提供金融支持和资金保障。如2015

年 6 月 16 日，国务院发布《关于大力推进大众创业万众创新若干政策措施的意见》，提出要"鼓励银行提高针对创业创新企业的金融服务专业化水平""推动银行与其他金融机构加强合作，对创业创新活动给予有针对性的股权和债权融资支持"①。2017 年 7 月 27 日，国务院发布《关于强化实施创新驱动发展战略进一步推进大众创业万众创新深入发展的意见》，提出"不断完善金融财税政策，创新金融产品，扩大信贷支持，发展创业投资，优化投入方式，推动破解创新创业企业融资难题"②。我国金融市场发展和金融体系建设虽然渐趋成熟，但在促进企业技术创新进而助力国家经济发展方面，仍需要健全金融支持科技创新的机制和体系，加大力度缓解和消除创新型企业融资难问题，从而更好地促进企业创新和服务实体经济发展。

1.1.2 研究意义

1.1.2.1 理论意义

本书为以后研究中国金融发展与企业创新之间的关系问题提供了一个机制分析框架。通过梳理国内外文献，本书发现国外学者基于各国金融发展实践，研究了金融发展对企业创新的影响及其机制问题，但是，由于我国的金融体系是以银行业为主导，金融发展实际情况与国外存在较大差异，中国金融发展对企业创新的影响机制在很大程度上和国外有所区别。而大多数国内文献只探讨了中国金融发展与企业创新之间的关系，并未系统研究中国金融发展对企业创新的具体影响机制，即使有些国内文献的研究涉及中国金融发展对企业创新的影响机制，但多数也是

---

① 国务院印发《关于大力推进大众创业万众创新若干政策措施的意见》［N］. 经济日报，2015－06－17.

② 国务院印发《关于强化实施创新驱动发展战略进一步推进大众创业万众创新深入发展的意见》［N］. 光明日报，2017－07－28.

从单一的视角和传导机制来分析，缺乏一个统一的分析框架来定性和定量分析多种传导机制在中国金融发展影响企业创新过程中的作用。本书基于中国特色社会主义市场经济体制下金融市场的发展实践，从两个视角系统研究金融发展对企业创新的影响机制，分别从企业外部融资视角分析金融发展如何通过企业融资约束机制和企业股权融资机制对企业创新产生影响；从企业资本配置视角分析企业金融资产配置调节机制在金融发展影响企业创新过程中的作用，从而为以后研究中国金融发展与企业创新之间的关系问题构建一个机制分析框架。

本书通过研究金融发展对企业创新的影响机制拓展了金融发展理论和企业创新理论。金融发展理论和企业创新理论涉及丰富的内容，金融发展理论包括金融中介理论、金融深化理论、经济金融化理论等；企业创新理论包括企业创新动力理论、机制理论、效率理论等。本书通过研究金融发展对企业创新的影响机制，从不同视角厘清了金融发展对企业创新的影响机理，一方面，丰富了金融发展影响企业成长及实体经济发展的理论内容，拓展了金融发展理论；另一方面，补充了企业创新影响因素和机制问题的研究内容，拓展了企业创新理论。

1.1.2.2　实践意义

本书研究为完善金融支持企业创新的制度和体系提供了可能。就目前而言，金融市场支持企业技术创新的投融资体系还不够完善，在金融服务模式、金融有效供给等方面都有待改善。本书通过研究金融发展对企业创新存在何种影响，并且从企业外部融资、企业资本配置两个视角分析金融发展如何对企业创新产生影响，厘清了金融发展对企业创新影响的传导机制，为金融更精准地支持企业创新提供了依据和理论支撑，进而为完善金融对企业创新的支持制度，以及健全技术创新投融资体系贡献了可能。

本书对我国加快建设创新型国家和提高自主创新能力具有重要意义。当前，我国正在为实现第二个百年奋斗目标，全面建成社会主义现代化强国，争取早日进入创新型国家前列而不懈奋斗。在实施创新驱动发展战略过程中，企业作为技术创新的主体，是技术创新的实践者，企业技术创新在我国的创新体系建设中居于首要地位。从金融发展的角度研究企业创新，分析影响企业创新的金融因素，从而为解决企业创新面临的融资约束问题和创新要素获取问题提供新的思路，为提高企业技术创新能力提供理论支持，这有利于企业研发创新活动的开展，促进企业技术创新水平的提升，对提高中国自主创新能力和加快建设创新型国家具有现实价值和重要意义。

1.2　关键概念界定

1.2.1　金融发展

金融系统是由金融市场、金融工具、金融机构等要素构建而成的有机体系，是一个经济体系中资本流通和资金供求关系的基本载体。而由于市场主体的逐利动机和金融杠杆效应的存在，为防范系统性风险和保护市场主体权益，使得金融监管也必然成为金融系统不可或缺的一部分。要探究金融发展对企业创新的影响及其影响机制，需要先界定"金融发展"的概念。"金融发展"的概念最先由戈德史密斯（Goldsmith，1969）提出，在《金融结构与金融发展》一书中，他将一国金融发展概括为金融结构的变化，而金融结构体现为各种金融工具和金融机构的形式、属性及其相对规模。

属于金融发展理论重要组成部分的金融深化理论（Shaw，1969）和金融抑制理论（Mckinnon，1973）均指出，政府对金融市场的干预造成发展中国家金融市场发展不充分、真实利率不能客观反映资本的稀缺程度、资本配置出现扭曲现象，只有减轻政府对金融市场的干预，改革金融体制，实行市场化的利率和资本配置，以消除金融抑制和促进金融深化，才能实现金融市场发展。因此，这两个理论认为，金融发展是通过破除金融抑制和金融自由化而实现的金融规模增大、金融机构扩张和金融工具多样化。金融功能理论的先驱默顿和博迪（Merton & Bodie，1995）从金融功能的视角探究金融发展对经济增长的作用，认为金融发展主要是金融功能的改善和演化。研究金融发展的著名学者莱文（Levine，2002）认为，金融发展是指整个金融体系，以及金融行业的发展，不仅包括金融量的提升，还包括金融系统内各项制度的健全。

综合已有文献的观点，本书将"金融发展"概念界定为金融中介市场、资本市场、金融机构、金融工具等金融系统各要素在规模、质量、结构、效率等方面持续改善，并且适应经济增长和实体产业发展的过程，具体表现为金融交易量的扩大、金融机构的增多、金融工具的创新和金融结构的改善。本书在实证研究部分，从宏观金融发展和金融市场发展两个维度衡量金融发展。在宏观金融发展维度，分别从金融发展规模和金融发展结构两方面度量宏观金融发展；在金融市场发展维度，分别从金融中介发展和资本市场发展两方面测度金融市场发展。本书中金融发展规模指的是金融市场交易量和金融资产的增大；将金融发展结构界定为资本市场相对于金融中介市场发展规模的变化；将金融中介发展定义为以商业银行为主的金融中介市场的发展；资本市场发展指的是以股票市场、中长期债券市场为主体的资本市场的发展。

1.2.2　企业创新

企业创新是企业生产和企业管理的重要内容，企业创新涵盖技术创新、战略创新、组织创新、管理创新等方面，本书所谓的"企业创新"特指企业技术创新。

熊彼特是首位提出"创新"概念的经济学家，在《经济发展理论》

一书中，熊彼特指出，创新是将一种新的生产要素和生产条件的"新结合"引入生产体系，以获取超额利润的过程，他将创新分为五种类型，包括新的产品、新的生产方法、新的市场、新的原材料或半成品供应来源、新的组织形式（Schumpeter，1934）。在熊彼特之后，关于技术创新定义的研究得到了拓展。艾诺斯（Enos，1962）在《石油加工业中的发明与创新》中首次明确给出了技术创新的界定，即技术创新是几种行为综合的结果，这些行为囊括发明的选择、资本投入的保证、组织建立、制定计划、招录工人和开拓市场。曼斯菲尔德（Mansfield，1968）指出，技术创新是一个新产品或新过程被首次引进，其所包含的技术、设计、生产、管理、财务和市场诸步骤。弗里曼（Freeman，1982）在《工业创新经济学》一书中，将技术创新定义为新产品、新过程、新系统和新服务的首次商业性转化。亨德森和克拉克（Henderson & Clark，1990）将企业创新分为激进式创新和渐进式创新，激进式创新是指在技术本质上有很大的革命性变化，与现有技术相比有着明显的区别；渐进式创新是指在现有技术基础上实施小幅度改良，与现有技术在本质上并无二致，还是有着一样的原理。

国内学者也给出了技术创新的概念界定。其中，许庆瑞（1990）提出，技术创新是从一种新思想的产生，到能够运用并生产出满足市场消费者需求的商品的全过程，因此，创新除了包含技术创新成果本身之外，还包含创新成果的使用和推广。傅家骥和程源（1998）认为，技术创新具有构想新奇和成功商业实践的属性，技术创新就是技术成果转化为商品且在市场上销售，最终实现其价值并取得经济效益的过程。刘劲杨（2002）指出，技术创新是为了实现特定经济目标和技术的高效应用，优化组合现有技术，并研发出新技术，破除已有技术经济均衡格局，实现经济上的发展的过程，也就是说，研制出新的技术和发明技术应用的新组合，且在知识创新或者生产过程中得到应用是技术创新的主要功能。陈劲和郑刚（2009）认为，技术创新是从新思想的形成到研究开发、产品实验、生产制造并商业化的整个过程。

此外，1999 年 8 月 20 日中共中央、国务院颁布的《中共中央、国务院关于加强技术创新、发展高科技、实现产业化的决定》详尽阐明了技术创新的定义："技术创新是指企业应用创新的知识和新技术、新工艺，采用新的生产方式和经营管理模式，提高产品质量，开发生产新的产品，提供新的服务，占据市场并实现市场价值。"①

从已有文献关于技术创新的界定来看，大部分学者认为，技术创新不仅包括技术发明创造行为，还包括技术成果商品化的过程。本书参考已有文献的研究，将"企业创新"定义为：企业作为技术创新的主体，运用现有先进技术和前沿基础科学理论实现某种技术上的变化，生产出一种新产品、新工艺，或提供一种新服务，并且最终使得创新成果商品化的行为。事实上，企业技术创新是一个严谨的、系统性的行为组合，涵盖从创新思想的形成、研究与开发实验，到创造出新产品、新工艺或可提供的新服务、生产制造、市场营销，最终将商品推向市场的整个过程。

1.3　研究内容

本书共分为 8 章，各章的主要内容如下所述。

第 1 章，导论。本章主要介绍本书的研究背景和意义、关键概念界定、研究内容、研究方法、研究框架，以及创新点和不足之处等内容。

第 2 章，文献综述。本章围绕金融发展对经济增长的影响、企业创新的影响因素、金融发展对技术创新的影响三个方面梳理国内外文献的研究成果，并对其进行评述。

第 3 章，金融发展对企业创新影响机制的理论分析。本章首先介绍

---

① 中共中央文献研究室．十五大以来重要文献选编（中）[M]．北京：人民出版社，2001．

金融发展对企业创新影响的理论基础，包括金融功能理论、凯恩斯的货币需求理论、信息不对称理论。其次，在阐述这些理论的基础上，从两个视角理论分析金融发展对企业创新的影响机制，具体来说，一是从企业外部融资视角分析金融发展如何通过企业融资约束机制和企业股权融资机制对企业创新产生影响；二是从企业资本配置视角分析企业金融资产配置调节机制在金融发展影响企业创新过程中的作用。

第4章，金融发展对企业创新影响的经验证据。本章在理论分析金融发展对企业创新影响机制的基础上，运用2007～2017年沪深A股制造业上市公司数据和省级层面数据实证分析金融发展对企业创新的影响，并进行稳健性检验和内生性问题处理，从而为实证检验金融发展对企业创新的具体影响机制奠定基础。

第5章，金融发展对企业创新影响机制的实证分析：基于中介效应模型的检验。在金融发展对企业创新影响机制的理论分析部分，我们认为，金融发展通过企业融资约束机制和企业股权融资机制促进企业创新，本章据此提出研究假说，并对研究假说进行验证，实证检验金融发展如何通过企业融资约束机制和企业股权融资机制对企业创新产生影响，分析企业融资约束和企业股权融资在金融发展与企业创新关系中的中介效应。首先，本章以企业融资约束作为中介变量，运用中介效应模型实证检验企业融资约束机制，并进一步分析企业融资约束机制，分析外部融资依赖对企业融资约束创新效应的影响，以及银行业竞争、企业融资约束和企业创新三者之间的关系；其次，本章以企业股权融资作为中介变量，运用中介效应模型实证检验企业股权融资机制，并进一步分析企业股权融资机制，分析金融发展对不同程度创新依赖企业股权融资的影响，以及高科技属性对企业股权融资创新效应的影响。

第6章，金融发展对企业创新影响机制的实证分析：基于调节效应模型的检验。在金融发展对企业创新影响机制的理论分析部分，我们分析了企业金融资产配置调节机制在金融发展影响企业创新过程中的作用，本章据此提出研究假说，并对研究假说进行验证，实证检验企业金融资产配置调节机制，分析企业金融资产配置对金融发展和企业创新之间关系的调节效应。首先，本章以企业金融资产配置程度作为调节变量，运用调节效应模型实证检验企业金融资产配置调节机制；其次，进一步分析企业金融资产配置调节机制，分析长短期金融资产配置对金融发展和企业创新之间关系的影响差异，以及企业金融资产配置对企业股权融资创新效应的调节作用。

第7章，金融发展创新效应的再审视：基于企业异质性和创新质量的视角。首先，本章基于企业异质性视角重新审视金融发展的创新效应，考察金融发展对企业创新的异质性影响，分析金融发展对企业创新影响的异质性效应，分别从所有权异质性、行业属性异质性、地区异质性、规模异质性层面分析金融发展对企业创新的影响差异。其次，本章基于企业创新质量的视角重新审视金融发展的创新效应，以企业发明专利申请量与专利申请总量的比值作为企业创新质量的衡量指标，考察金融发展对企业创新质量的影响效应，并分析其影响机制。

第8章，结论和政策建议。本章系统总结了本书的主要结论，并在此基础上提出政策建议。

1.4　研究方法与研究框架

1.4.1　研究方法

1.4.1.1　归纳法和演绎法

归纳法和演绎法是人文社会科学研究中最基本的研究方法。归纳法是指通过对实际生活中各种不同现象进行分析，进而总结出一般规律性论断的研究方法。演绎法又称演绎推理，是指以一定的反映客观规律的理论为根据，通过严密的逻辑和特定方法得出新的结论的研究方法。本书运用归纳法得到中国金融发展与企业创新的现状事实，进而为金融发展与企业创新之间的关系研究奠定基础。在运用演绎法方面，首先整理总结国内外学者就金融发展对企业创新的影响所做的研究，再从中国的金融体系和金融发展实际出发，研究中国金融发展对企业创新的影响机制问题。

1.4.1.2　比较分析法

本书在研究金融发展对企业创新的异质性影响部分，针对所有权异质性企业、行业属性异质性企业、地区异质性企业和规模异质性企业，考察金融发展对企业创新的影响差异，比较了金融发展对国有企业与非国有企业、一般企业与高科技企业、东部地区与中西部地区企业、大型企业与中小型企业创新的不同影响；在进一步分析企业股权融资机制部分，对比了企业股权融资对高科技企业和一般企业创新的影响；在进一步分析企业金融资产配置的调节作用部分，比较了长短期金融资产配置对金融发展和企业创新之间关系的调节效应。

1.4.1.3　计量经济学方法

本书运用面板计量经济学分析方法，采用最小二乘法进行基准模型回归，考察金融发展对企业创新的影响及其机制问题，并运用泊松计数模型、负二项回归模型进行稳健性检验，以及使用工具变量法进行内生性问题处理。另外，本书还运用中介效应模型、调节效应模型验证金融发展和企业创新关系中的中介效应和调节效应 。

1.4.2　研究框架

本书的研究框架如图 1.1 所示。

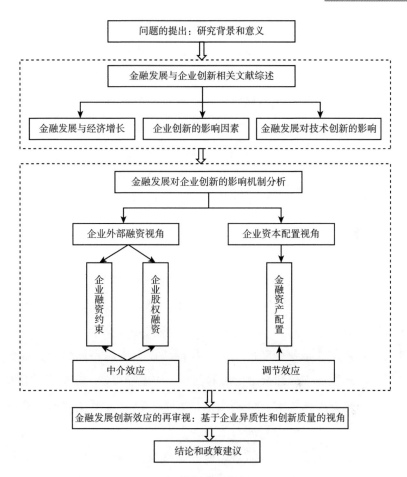

图 1.1　本书研究框架

1.5　创新点与不足之处

1.5.1　创新点

本书的创新点主要有以下三个方面。

（1）本书为中国金融发展与企业创新之间的关系问题构建了一个机制分析框架。已有文献并未对中国金融发展影响企业创新的具体机制进行系统研究，缺乏一个统一的分析框架来定性和定量分析多种传导机制在中国金融发展影响企业创新过程中的作用。本书基于中国特色社会主义市场经济体制下金融市场的发展实践，创新性地从两个视角系统研究金融发展对企业创新的影响机制，一是从企业外部融资视角分析金融发展如何通过企业融资约束机制和企业股权融资机制对企业创新产生影响；二是从企业资本配置视角分析企业金融资产配置调节机制在金融发展影响企业创新过程中的作用，而且利用中国金融发展的经验数据和企业专利数据进行实证检验，并实施一系列的稳健性检验来支持研究结论，从而为中国金融发展与企业创新之间的关系问题构建一个较为科学的机制研究框架。

（2）本书以具有中国特色的金融体系为出发点，研究金融发展对企业创新的影响机制，并考察金融发展对企业创新的异质性影响，分别分析了金融发展对所有权异质性企业、行业属性异质性企业、地区异质性企业、规模异质性企业创新的影响差异，从而为中国不同类型企业的创新差异、发展轨迹差异和金融发展的创新效应差异提供一定的事实证据。

（3）金融发展作为宏观经济变量，大部分已有文献主要探究金融发展的宏观效应，研究金融发展对宏观经济变量的影响，本书将金融发展效应的研究层次从宏观转入微观，研究金融发展的微观效应及其对微观经济因素的影响，探索金融发展对微观企业创新的影响效果及其影响机制，从而为金融发展乃至其他宏观经济变量的微观效应研究提供经验借鉴。

1.5.2 不足之处

本书的不足之处主要有以下三个方面。

（1）本书主要采取理论描述与实证检验相结合的研究模式，缺乏相应的数理模型建构，如果能结合数理模型进行研究考察，本书的论证过程将更加充实和严谨，同时也会提升本书的说服力。

（2）本书虽然从企业外部融资、企业资本配置两个视角研究了金融发展对企业创新的影响机制，但从结果来看有待进一步尝试对影响机制的拓展探讨。例如，在企业外部融资视角下，研究结论表明，金融发展通过企业融资约束机制和企业股权融资机制对企业创新产生影响，但是，从这两条机制对金融发展和企业创新关系的总贡献度来看，还存在其他金融发展对企业创新的影响机制尚未挖掘。

（3）在实证研究部分，由于数据缺失或者难以获得等原因，造成一些变量的代理指标可能不够完美，这将导致实证结果可能存在一定的偏差，一定程度上影响本书的实证研究质量。

第 2 章

文献综述

2.1 金融发展与经济增长

金融发展和经济增长之间的关系问题作为金融发展理论的重要内容，一直以来都是经济学家和金融学家的关注重点。白芝浩和熊彼特是研究这个问题的先驱，他们认为一个运行良好的金融体系和金融系统，能够减少信息成本和交易费用、优化资本配置，进而促进经济增长（Bagehot，1873；Schumpeter，1934）。在此之后，金融发展和经济增长之间的关系问题受到经济学界的极大关注。肖和麦金农分别从金融深化和金融抑制的视角探析发展中国家的金融体制和金融发展对经济增长的影响，他们的理论在学术界引起了巨大的反响，成为这一时代金融发展理论的代表性成果。金融深化理论认为，政府对金融市场的干预是导致发展中国家金融结构扭曲和金融市场发展不充分的主要原因，因此，防止政府的干预，进行金融体制改革，让利率和资本配置市场化，消除金融抑制，就可以发展金融市场，进而实现金融深化（Shaw，1969）。实际上，肖的金融深化理论认为，金融自由化将推动经济增长，而金融抑制会阻碍经济增长。金融抑制理论从金融抑制角度得到相同论断，该理论认为，由于发展中国家金融市场不健全，普遍存在着金融抑制，真实利率不能客观反映资本的稀缺度，资本配置会出现扭曲现象，导致优质的标的得不到资本投资，而掌握充足资本的特权阶层又无法将资本有效利用。所以，只有消除金融抑制，实行金融自由化改革和政府金融政策调整，减少政府干预，促进金融深化，才能实现金融市场发展，进而推动经济增长（Mckinnon，1973）。

加尔比斯（Galbis，1977）通过修改麦金农的模型，指出金融抑制表现在金融资产实际利率偏低，而提升存款实际利率是优化金融系统资本配置的必要途径，通过这种方式，低效部门会加大储蓄力度，而高效部门就能得到更多银行贷款，从而资本就从低效部门转至高效部门，以此促进了经济增长。莱文（Levine，1991）通过建立一个内生增长模型，研究投资行为对经济平衡增长路径的影响，他认为股票市场具有分散风险的作用，人们根据自己对所持资产的预期和认知，在市场发生改变时转换自己的股票投资组合，进而回避风险、得到报酬，从而影响经济增长均衡点。卡恩（Khan，2001）指出，企业和金融机构的信息不对称造成过高的外部融资成本，企业为了得到金融部门的信贷支持，就必须支付高昂的利息，这激励企业采取更加有效的生产技术以获得更高的利润，所以，企业的资产相较于债务增长更快。随着金融市场的发展，企业面临的融资约束降低，使得投资回报率提升，企业的资本积累加快，最终促进经济增长。

从金融结构视角探究金融发展对经济增长的影响也是金融发展理论的研究重点。金融结构理论起源于戈德史密斯的研究，在《金融结构与金融发展》一书中，戈德史密斯将一国金融发展概括为金融结构的变化，并且比较分析了各国金融结构和经济增长之间的关系，指出各国的金融结构都会随着经济社会和市场经济发展发生改变，金融发展就是金融结构从简单向复杂，从低级向高级的转化。在实证方面，戈德史密斯使用35 个国家 1860~1963 年的数据进行计量分析，结论表明，金融结构变量与人均国内生产总值显著相关，这在一定程度上揭示了金融结构显著影响经济增长（Goldsmith，1969）。

在戈德史密斯之后，许多学者拓展了金融结构理论。西里和图法诺（Sirri & Tufano，1995）研究发现，以银行为主的金融结构可以快速集聚社会资本，进而发挥规模经济的作用，这促进了经济增长；以市场为主的金融结构存在严峻的"搭便车"问题，抑制了个体投资者获取信息的激励机制，而银行通过与企业建立稳固的契约联系，避免了此类问题的产生。林毅夫等（2003）从金融结构在经济增长中所发挥作用的视角，研究银行业结构和金融市场的融资结构，银行业结构就是信贷资金在不同规模等级的银行之间的分布情况，而融资结构即直接融资和间接融资的比例关系。结论证实只有金融结构匹配制造业规模结构时，也就是说在以大企业为主的经济体中，只有存在一个较高的银行集中度时，才能有效地解决企业的融资问题，进而促进制造业的增长和经济增长。波尔博尔等（Bolbol et al.，2005）以埃及的金融市场为研究对象，探析金融结构对 TFP 的影响，结论表明，只有人均收入高于某一临界值，以银行为基础金融指标的增长才会对 TFP 产生正向影响；而以证券市场为基础金融指标的增长对 TFP 具有显著的促进作用。

金融发展与经济增长的关系在实证上也得到了验证，其中，克恩和莱文（King & Levine，1993）所做的实证检验具有划时代意义，通过考察80 个经济体 1960~1989 年金融发展和经济增长之间的关系，结论表明金融发展能够显著促进经济增长。莱文和泽尔沃斯（Levine & Zervos，1998）以 1976~1993 年 47 个国家的经济数据为考察样本，检验金融发展对经济增长的影响，发现银行发展水平和股票市场流动性对经济增长率、资本积累率和生产率增长率具有正向影响，因此，金融发展能够促进经济增长。对于中国金融发展与经济增长关系的实证研究，国内学者也做了大量工作，如谈儒勇（1999）实证检验中国金融中介发展、股票市场发展和经济增长三者的关系，发现我国金融中介发展显著促进经济增长，股票市场发展并没有促进经济增长，而股票市场发展并没有妨碍金融中介发展。韩廷春（2001）通过构建关联机制实证模型，发现技术进步与制度创新是推动经济增长的主要因素，金融深化与利率政策要和经济发展过程匹配，不能只追逐金融和资本市场的规模扩张，应该更加注重金融体系的质量提高，这样才能发挥金融发展对经济增长的促进效应。周立和王子明（2002）运用中国 1978～2000 年的数据考察金融发展与经济增长的影响，实证结论说明，中国各地区金融发展对经济增长存在显著的正向影响，中国各地区金融发展差别可以在一定程度上诠释区域经济发展差异，倘若地区金融发展初始禀赋较低，将不利于其长期的经济增长，而提升金融发展程度，则能推动地区长期的经济增长。

前文所述文献都认为金融发展对经济增长存在正向影响，但有些学者对这种观点持不同看法。如卢卡斯（Lucas，1988）提出，经济学家们过于夸大金融在经济发展中的用途，在社会经济发展过程中，会形成对金融服务和金融产品的需求，这种需求助推了金融体系规模扩大和金融市场发展，因此，是经济增长促进了金融发展，而不是金融发展促进经济增长。克鲁格曼（Krugman，2009）指出，金融市场的过度发展存在许多问题，金融行业吸收了社会过多的人力资源和资本，高度复杂的金融创新产品非但对经济增长无显著的好处，反而摄取了大量的租金收入，后果是如果金融创新程度超越国家监管能力，就有可能爆发金融危机而抑制经济增长。洛艾萨和朗西埃（Loayza & Ranciere，2006）对 1960～2000 年 75 个国家的跨国样本进行实证研究，结果表明，合理的制度前提是金融发展促进经济增长的重要保证，倘若没有合理的制度前提，则金融也许会抑制经济增长，而如果拥有合理的制度前提，金融发展则会促进经济增长。切凯蒂和哈鲁比（Cecchetti & Kharroubi，2015）通过在信贷配给模型中引入劳动力因素，发现社会的人才被过度集中到金融部门，如果人力资源能够部分分散到实体经济部门，将提升整个社会的总福利。当金融部门具有较强的议价能力时，人才会集中流向金融部门，而此时实体经济部门会选择投资产出效率较低和风险较小的项目，导致整个社会的产出效率降低。

2.2　企业创新的影响因素

对于影响企业创新的因素，现有文献分别从宏观层面和微观层面进行研究。就宏观层面因素而言，国内外文献主要研究政策不确定性、文化环境、税收激励、知识产权保护、制度环境对企业创新的影响。对于微观层面因素而言，学者们主要关注企业规模、企业高管特质、企业内部薪酬差距、股权激励、市场集中度、产品市场竞争对企业创新的影响。

2.2.1　宏观层面因素

政策不确定性对企业创新的影响研究。阿塔纳索夫等（Atanassov et al.，2015）将美国州选举视为政府政策不确定性的代表变量，考察政策不确定性对企业研发创新的影响，结论表明政策不确定性提升有利于企业研发。巴塔查里亚（Bhattacharya，2017）以1976～2010年43个国家的经济数据为考察样本进行实证分析，发现政策不确定性会抑制技术创新，对于有影响力的创新和研发投入大的产业抑制作用则更强。张倩肖和冯雷（2018）使用2004～2015年上市企业数据检验宏观经济政策不确定性与企业创新之间的关系，结论表明，宏观经济政策不确定性通过加大银行信贷风险的方式提高企业面临的融资约束，不利于企业创新。另外，与国有企业相比，宏观经济政策不确定性对民营企业技术创新具有更强的负向影响。陈德球等（2016）从地方政府官员更替的角度研究政策不确定性与企业创新效率之间的关系，结论认为，由市委书记更替引发的政策不确定性会抑制企业创新效率和专利数量的提升，通过对作用机制的探析表明，政策不确定性通过加剧公司融资环境的不确定性，减少了来自政府的补贴和银行信贷，促使企业研发资源减少。

文化环境对企业创新的影响研究。黄灿等（2019）运用2009～2017

年中国 A 股上市公司的创新数据，实证分析中国宗教传统对企业创新的影响及其传导机制，结果认为，中国宗教传统能够促进企业创新，其传导机制为宗教传统通过减轻代理冲突和信息不对称，进而提升企业创新水平。钱（Qian，2013）通过实证发现，美国的文化多样性对美国城市的创新能力具有促进效应，多样性的文化激励了美国的城市创新和企业家精神，创新是企业内部活动和外部因素共同影响的结果。程博和熊婷（2018）利用上市公司数据研究员工在职培训对企业创新的影响，以及儒家文化的调节作用，结论表明，员工在职培训对企业创新具有显著的促进作用，儒家文化对二者之间的关系起正向调节作用。徐细雄和李万利（2019）从非正式制度角度分析了儒家传统文化对企业创新的影响，研究结果发现，儒家传统文化提升了企业创新水平，儒家传统文化通过企业代理冲突、人力资本投资水平和专利侵权风险三条机制促进企业创新。此外，儒家文化和法律环境在提升企业创新水平方面存在替代效应。

税收激励对企业创新的影响研究。林洲钰等（2013）使用从国家知识产权局获取的企业专利数据，探究了税收政策对企业技术创新的影响，结果表明，在税率政策与研发费用抵扣政策的作用下，企业技术创新绩效提升，这两种税收政策的技术创新效应还存在互补关系，而税收激励强度与企业技术创新水平之间具有显著的倒"U"型关系。李香菊和贺娜（2019）研究发现，税收激励促进了企业当期和未来的技术创新水平提升，但税收激励对企业技术创新的长期促进作用不稳健。饶（Rao，2016）研究了美国税收抵免对研发投入的影响，结论表明，在短期内税收优惠对研发投入具有正向影响。程曦和蔡秀云（2017）从企业技术创新投入和技术创新产出方面，实证分析了税收政策对企业技术创新的影响，结果表明，所得税优惠、流转税优惠均有利于企业研发投入提升，而对企业创新产出的影响则不显著。刘诗源等（2020）采用 2007～2016 年中国上市企业数据和地级市层面数据进行实证分析，发现税收激励整体上能够促进企业研发投入的提升，税收激励的创新效应主要体现在成熟期企业，而对成长期和衰退期企业的影响效果则不明显。

知识产权保护对企业创新的影响研究。安东等（Anton et al., 2006）研究发现，如果政府的专利保护力度不足，技术模仿和专利侵权发生的概率会提高，以至于不仅降低了企业的研发热情，而且抑制了企业研发投入。吴超鹏和唐菂（2016）研究知识产权保护执法力度对上市企业技术创新的影响效果，结果发现，政府加强知识产权保护执法力度能够增强企业创新能力，这主要体现为企业研发投入和专利数量提升，传导路径为减少研发溢出损失和缓解外部融资约束。卡福罗等（Kafouros et al., 2015）指出，完善的知识产权保护措施有助于增强企业间的研发合作关系，进而对于企业创新水平提高产生促进作用。王海成和吕铁（2016）基于广东省 2006 年开始的"三审合一"准自然试验，实证分析知识产权司法保护如何影响企业创新，结果表明，"三审合一"提高了企业创新水平，并且"三审合一"的企业创新效应不存在时滞性，可以维持相当长的一段时间，进一步分析表明，"三审合一"对不同企业的创新会产生异质影响，具体体现为更有利于小规模企业、非国有企业和高技术企业创新水平的提升。

制度环境对企业创新的影响研究。李梅和余天骄（2016）以开展海外并购的 A 股上市企业为考察对象进行实证分析，发现东道国制度发展程度提升了海外并购企业技术创新水平，企业吸收能力增强与企业国有股权比例降低时，东道国制度发展水平对企业创新绩效的正向影响更加明显。郭韬等（2019）基于新制度主义理论和商业模式理论，并通过系统动力学模型研究了制度环境对企业创新绩效的作用路径，结果发现，正式和非正式制度环境都可以通过商业模式作用于创新绩效，但作用程度和机理却有区别。关和邱（Kwan & Chiu, 2015）从知识的角度将创新产出看作一个多维概念，通过对 120 个经济体的创新产出进行实证研究，发现制度支持对创新产出具有促进效应。欣克尔和麦卡恩（Shinkle & Mc-cann, 2014）研究发现，高水平的制度环境会通过促进新产品创新而增加企业利润，进一步研究表明，转型经济环境会对制度开发与新产品利润的关系产生调节作用，相对于非转型经济，制度开发更不利于转型经济中新产品利润提升。

2.2.2　微观层面因素

企业规模对企业创新的影响研究。熊彼特假说认为，企业规模与创新正相关，即企业规模越大，企业创新就越有效率。此后，国内外学者对这一假说进行了论证。布伦德尔等（Blundell et al.，1999）利用英国1972~1982年企业面板数据，研究企业市场份额对企业创新的影响，以重大创新数量作为企业创新的衡量标准，并且控制了知识存量、市场集中度等企业和产业特征变量，研究结果表明，企业市场份额与创新数量具有显著的正向关系。盖尔（Gayle，2001）认为，专利数量并不能代表真实的创新水平，因为专利中含有许多不重要的创新，而专利被引用的次数代表了创新的重要性，可以更准确地衡量创新的水平，通过运用调研得到的专利数据进行实证分析，发现企业市场份额的提升、企业规模的扩大均显著促进专利被引用次数的增加，即促进了企业创新。一些学者也对中国企业的规模与企业创新之间的关系进行了探索。杰斐逊等（Jefferson et al.，2004）实证分析企业研发支出的影响因素，以销售收入作为企业规模的代理变量，以二厂商集中度作为市场集中度的衡量指标，发现企业规模和市场集中度对企业研发支出强度的影响并不显著。周黎安和罗凯（2005）通过对我国1985~1997年省级面板数据进行检验，发现虽然企业规模的扩大显著促进了企业创新，但是这种正向关系主要是由于非国有企业在其中所起的作用，而并不是国有企业，这表明企业治理结构在企业规模与企业创新二者的关系中扮演着重要角色，企业规模的扩张并不一定能保证企业提升创新能力。吴延兵（2006）使用中国大中型工业企业面板数据实证研究了企业规模与企业创新的关系，并分别以专利数量和新产品销售收入作为企业创新的衡量指标，研究结论表明，企业规模与专利数量之间的关系不显著，而企业规模与新产品销售收入表现为倒"U"型关系。

企业高管特质对企业创新的影响研究。巴克和穆勒（Barker & Mueller，2002）探析企业高管特征对创新的影响，指出年轻且具有工程背景的高管将促进企业创新。库库莱利和厄尔曼尼（Cucculelli & Ermini，2013）研究发现，企业 CEO 风险偏好程度越高，越倾向于通过增加研发投入进而提升创新水平的方式促进企业成长。罗思平和于永达（2012）基于1998~2008 年中国光伏产业相关企业数据，研究企业海归人才对企业创新能力的影响，发现具有海外教育或工作经历的企业高管，不仅可以提升企业创新能力，而且有利于企业增强专利保护力度，同时对周边企业具有技术溢出效应。虞义华等（2018）通过研究高管的发明家经历对企业创新的影响效果，发现发明家高管对企业创新投入、创新产出、创新效率具有显著的正向影响，而且对于高科技企业、国有企业、大型企业、成熟企业，这种正向影响更加显著。何瑛等（2019）运用 2007~2016 年中国沪深 A 股上市公司数据，并基于金融理论和高层梯队理论，通过构造职业经历丰富度指数作为复合型职业经历衡量的指标，研究企业 CEO 职业经历与企业创新之间的关系，结论表明，企业 CEO 职业经历的丰富程度显著提升企业创新水平。

企业内部薪酬差距对企业创新的影响研究。弗思等（Firth et al.，2015）研究发现，扩大薪酬差距不利于企业创新，究其原因，在于薪酬差距会使得普通员工在心理上产生被疏远的感觉，从而在工作中积极性下降，尤其在劳动密集型企业中这种负面影响更加显著。贾等（Jia et al.，2016）通过运用晋升锦标赛模型研究发现，企业 CEO 与其他高管间薪酬差距的拉大能够提升企业技术创新，具体机制表现为通过吸收优秀人才和减少董事会过度干预来促进企业创新。孔东民等（2017）采用中国上市公司数据，研究公司管理层与员工之间的薪酬差距与企业创新的关系，发现薪酬差距对创新产出具有正向作用，在薪酬差距较小的情况下，薪酬差距增加促进了企业创新，但在薪酬差距较大的情况下，增加薪酬差距抑制了企业创新。赵奇锋和王永中（2019）利用中国 A 股制造业上市公司数据研究企业管理层和普通员工间薪酬差距与企业创新之间的关系，研究发现，薪酬差距的扩大促进了企业技术创新，进一步研究表明，薪酬差距通过发明家晋升渠道机制效应对企业创新产生正向影响。牛建波等（2019）使用 2005～2016 年中国上市企业数据，研究企业高管间薪酬差距对企业技术创新的影响，实证结果说明，加大企业高管间薪酬差距对专利申请数量影响不显著，但显著提高了专利授予数量，这表明增加企业高管间薪酬差距促进了企业创新效率提高；就具体专利类型而言，企业高管间薪酬差距扩大对实用新型专利和外观设计专利比对发明专利影响更加显著。

股权激励对企业创新的影响研究。陈华东（2016）从企业管理者任期视角分析了管理者股权激励对企业技术创新的影响，研究结论表明，管理者股权激励对企业创新具有正向影响，管理者预期任期与股权激励存在正相关关系，加强了股权激励对企业创新的促进作用。郭蕾（2019）采用 2009～2015 年实施股权激励的上市高科技企业数据，研究非高管员工股权激励对创新产出的影响，研究结论表明，非高管员工股权激励对创新产出具有正向作用，而且创新产出与激励比例也存在显著的正相关关系。田轩和孟清扬（2018）研究认为，股权激励计划有利于企业创新投入和创新产出提升，其中，股票期权、限制性股票都对企业创新具有显著的正向影响，但是在股价接近行权价时，限制性股票对高管具有的惩罚性会抑制高管的创新动力，而股票期权能对高管形成保护作用并促进企业创新。

市场集中度对企业创新的影响研究。伦恩（Lunn，1989）通过建立包含研发强度、广告强度和市场集中度的联立方程模型，并使用美国制造业数据进行实证研究，发现市场集中度对研发强度具有正向效应，而研发强度对市场集中度也具有正向影响，进一步研究表明，市场集中度提升有利于增强技术落后产业的研发强度，但对技术先进产业的研发强度的影响结果却相反。布罗德伯里和克拉夫茨（Broadberry & Crafts，2001）以英国产业数据为研究样本，运用 Tobit 模型进行实证分析，发现五厂商集中度抑制了创新数量，而价格卡特尔变量对创新数量的影响在统计上没有意义，究其原因，是因为垄断中存在的代理成本对创新的抑制作用大于熊彼特假说中期望垄断租金对创新的促进作用，所以，市场力量对创新表现出负向效应。寇宗来和高琼（2013）使用 Tobit 模型实证检验了企业研发强度的影响因素，结论表明，企业规模和市场集中度与研发强度之间呈倒"U"型关系，这表明在到达临界点前，扩大企业规模和加剧竞争能够促进企业创新。

产品市场竞争对企业创新的影响。何玉润等（2015）对产品市场竞争和企业创新的关系进行实证研究，发现产品市场竞争有利于增强企业研发强度，且这种影响在非国有企业中表现得更为明显，另外，高管薪酬激励和股权激励对产品市场竞争和企业创新的关系具有正向调节作用。李健等（2016）从创新动机和创新能力视角研究了产品市场竞争对制造业企业技术创新的影响，发现制造业企业的产品市场竞争与企业创新具有倒"U"型关系，在到达临界点之前，产品市场竞争能够促进企业创新，但当产品市场过度竞争时，则不利于企业技术创新。田原等（2013）以 2002～2010 年非金融上市公司为考察样本，实证分析了产品市场竞争与企业创新之间的关系，研究结论说明，产品市场竞争与企业技术创新存在倒"U"型关系，这是因为过度竞争会抑制企业创新积极性，妨碍企业创新水平提升，而过度垄断促使企业滋生自满情绪，不利于技术创新。李钧等（2020）基于高阶理论实证分析管理层能力与企业创新绩效的关系，以及产权性质和产品市场竞争在其中的调节作用，发现管理层能力促进了企业创新绩效提升，产权性质并不影响这种关系，而产品市场竞争促进了管理层能力对企业创新绩效的正向影响。

2.3 金融发展对技术创新的影响

熊彼特最早开始研究金融发展对技术创新的影响，在《经济发展理论》一书中，他阐明了金融对技术创新的重要价值，并指出经济发展的根本动力在于创新，企业家创新是促进经济体系不断演化的直接原因，而创新的本质是生产要素和生产条件的"新组合"，良好的银行可以通过筛选机制将社会储蓄分配给那些竞争能力和创新能力强的企业，这促进了技术创新（Schumpeter，1934）。希克斯在《经济史理论》一书中研究了金融在英国工业化过程中的作用，认为大量的高度非流动性的长期资本投入是新技术运用的前提，这就必须借助流动性强的金融市场，因此，18 世纪英国工业革命爆发进而促进经济增长的重要因素之一就是金融市场流动性的提高，金融革命的发生是工业革命爆发的先决条件。金融市场的流动性提升让投资者持有股票、债券等金融资产而无后顾之忧，投资者可以随时买卖所持资产，这就使得流动性金融资产可以转变为长期资本投资，进一步地，金融市场通过大规模的持续性长期投资促进了新技术的产生，英国工业革命得以爆发（Hicks，1969）。

此后，围绕金融发展与技术创新之间的关系问题，国外文献展开了系统的研究。本西文加等（Bencivenga et al.，1995）运用世代交替模型对金融市场效率与技术选择的关系进行研究，发现金融市场效率与技术期限的长短存在相关关系，当金融市场效率较低时，经济系统会选择发展期限短的技术，当金融市场效率较高时，经济系统会选择发展期限长的技术。索罗门（Solomon，2002）提出，健全的金融市场体系可以为技术创新提供大量的融资支持，同时资本市场具有激励功能、共享机会功能、分散风险功能，促进了技术创新活动的长效性和持续化。布拉沃 – 比奥斯卡（Bravo-Biosca，2007）利用 1985～1994 年 32 个国家的样本数据，研究金融发展对国家层面创新的影响，结果表明，股票市场和信贷市场的发展对国家创新质量都存在正向影响，而且股票市场发展对国家创新质量的正向效应大于信贷市场发展。徐等（Hsu et al.，2014）以 32 个国家 1976～2006 年的数据为考察对象，对一国金融发展对创新的影响进行了经验分析，实证结论表明，股票市场的发展促进了国家层面创新质量和创新数量的提升，而信贷市场的发展不利于国家层面创新活动的开展。

企业作为技术创新的主体，是推动国家技术创新实力增强的决定性力量，国外学者对金融发展与企业创新之间的关系进行了详细的研究。戈德史密斯（Goldsmith，1969）和麦金农（Mckinnon，1973）都认为，金融深化可以缓解金融机构和贷款者之间的道德风险和逆向选择问题，进而降低了企业融资约束和企业融资成本，这样创新的不确定性与风险在一定程度上得到了控制，还可以动员更多资金向创新领域集聚，从而激励企业开展研发活动，最终促进经济增长。圣保罗（Saint-Paul，1992）研究了投资的收益风险与技术选择的关系，认为在金融市场体系不健全时，企业为了规避风险将选择风险小但专业化程度不高的技术，但随着金融的发展，金融市场能够分散企业由于创新活动的不确定性而面临的跨期风险，企业会选择更专业化的技术，以此提升企业技术创新的成功概率。布莱克本和洪（Blackburn & Hung，1998）构建了创新驱动的经济增长模型，提出在金融市场的发展方面，可以通过减少相关的制度性障碍，促进知识创造与企业技术创新，进而提升整个产业的劳动生产率。所以，金融发展对技术创新有正向影响，即金融发展会促进企业技术创新，金融市场的发展成熟与自由化，可以激励产业劳动生产率提升。

本弗雷泰罗等（Benfratello et al.，2008）通过研究意大利的金融发展与企业创新之间的关系，认为本地银行的发展提升了制造业企业的工艺创新水平，但并未提高产品创新水平。卡内帕和斯通曼（Canepa & Stoneman，2008）对影响英国国家创新的因素进行研究，发现金融能够明显促进企业创新活动的开展，对于高科技企业和较小规模企业而言体现得尤为明显。昂（Ang，2011）通过研究金融发展、金融自由化与技术创新之间的相关关系，结论说明，金融发展可以激励知识创新，但金融自由化对创新产生的作用还有待深入讨论。莱文等（Laeven et al.，2015）认为，金融发展有助于金融机构减少交易成本、转移风险和提升监管效率，进而提升企业创新能力。南达和尼古拉斯（Nanda & Nicholas，2014）研究了金融发展中银行体系对企业创新的促进作用，指出在全球大萧条时期，银行体系的瓦解降低了企业专利产出和质量，这足以说明银行体系对企业创新活动的开展具有显著的支持作用。霍尔和莱纳（Hall & Lerner, 2010）研究认为，金融市场能够提高稀缺资源的分配效率、合理评估创新项目、有效监督企业经理人，以及缓解公司的道德风险和逆向选择问题，所以，金融系统可以降低企业的外部融资费用，从而促进企业创新。

国内文献对于金融发展与技术创新之间的关系研究起步较晚，而且大部分研究集中于实证层面。学者们基于中国金融发展的经验证据，通过实证分析发现中国金融发展对研发投入和创新产出均具有促进作用。如张志强（2012）利用 1986~2010 年的中国省级面板数据，研究了金融发展对区域创新的影响效应，结论说明，金融发展的规模和效率对研发创新具有明显的影响，且这种影响在不同区域之间存在显著的异质性。解维敏和方红星（2011）利用 2002~2006 年上市公司数据进行实证分析，结论表明，银行业市场化改革、地区金融发展能够促进企业研发投入的提升，尤其对于小规模企业和私人企业，这种效应更加明显。张杰和高德步（2017）通过实证研究发现，金融发展规模的扩大，促进了对外部融资依赖行业的研发投入，同时也增加了这些行业的发明专利和实用新型专利存量，而金融发展效率的提高只促进了外观设计专利存量的提升。

金融发展过程中出现的银行业竞争现象也引起了国内外学者的关注，出现了一些研究银行业竞争与企业创新关系的文献。佩蒂和阿里西亚（Patti & Dell'Ariccia, 2004）以意大利的银行和企业数据为考察对象进行实证检验，结论发现，银行业竞争与新企业创新之间存在倒"U"型关系，当银行业竞争程度超出某一临界值时，银行业竞争将阻碍新企业创建，这间接证明了银行业竞争降低了企业创新水平。蔡竞和董艳（2016）采用中国银监会发布的商业银行数据和中国工业企业数据，实证分析银行业竞争与企业创新之间的关系，发现银行业竞争能够促进企业研发创新，且这种影响对于中小企业更加明显。另外，股份制商业银行比国有商业银行和城市商业银行更能促进企业研发创新。科尔纳贾等

（Cornaggia et al.，2015）通过研究提出，对私营企业尤其是创新型私营小企业来说，银行之间的竞争能够极大提高企业技术创新水平。张璇等（2019）利用中国工业企业数据、专利申请数据与金融许可证数据，探究银行业竞争对企业创新的影响机制，发现银行业竞争程度的提升可以降低企业融资约束，进而促进企业创新，异质性研究显示，外部融资依赖性、企业规模、企业产权、市场化程度、法治环境对这种效应会产生影响。

2.4　文献述评

前面从金融发展对经济增长的影响、企业创新的影响因素、金融发展对技术创新的影响三个方面概述了国内外文献关于金融发展与企业创新的研究成果。国外学者基于各国金融发展实践，研究了金融发展对企业创新的影响及其机制问题，但是，由于我国的金融体系是以银行业为主导，金融发展实际情况与国外存在较大差异，中国金融发展对企业创新的影响机制在很大程度上和国外有所区别。而国内大多数学者只限于研究中国金融发展与企业创新之间的关系，并未对中国金融发展影响企业创新的具体机制进行系统研究，即使有些国内学者的研究涉及中国金融发展对企业创新的影响机制，但大多数也是从单一的视角和传导机制来分析，缺乏一个统一的分析框架来定性和定量分析多种传导机制在中国金融发展影响企业创新过程中的作用，这是现有文献研究的不足。本书基于我国现有金融体系和金融发展实践，试图构建一个统一的机制分析框架来系统考察金融发展对企业创新的影响机制，探析金融发展通过哪些具体机制对企业创新产生影响，并通过实证模型进行检验，以期能弥补现有文献研究的不足。对这一机制问题的研究，也希望能为金融发展更好地支持企业创新，更好地服务实体经济发展提供理论支撑，以及为经济高质量发展和加快建设创新型国家提供新的理论视角。

　　另外，从企业创新影响因素的研究来看，当前大多数文献从微观层面研究企业创新的影响因素，即使有些文献涉及影响企业创新的宏观层面因素，也多限于研究宏观层面因素与企业创新二者之间的关系，并未系统探索宏观层面因素对企业创新的具体影响机制。外部的金融环境不仅是企业投资决策的基础性前提条件，还会对企业研发创新资金产生重要影响，因此，有必要研究金融发展对企业创新的影响机制，以补充关于宏观层面因素对企业创新影响方面的文献。

第 3 章

金融发展对企业创新
影响机制的理论分析

本章首先介绍金融发展对企业创新影响机制分析的理论基础，包括金融功能理论、凯恩斯的货币需求理论、信息不对称理论。其次，在阐述这些理论的基础上，从企业外部融资和企业资本配置两个视角理论分析金融发展对企业创新的影响机制，其中，从企业外部融资视角的分析即是探讨金融发展如何通过企业融资约束机制和企业股权融资机制对企业创新产生影响；从企业资本配置视角的分析即是探讨企业金融资产配置调节机制在金融发展影响企业创新过程中的作用。

3.1　理论基础

3.1.1　金融功能理论

传统的金融理论从金融机构的角度研究金融体系，认为现有的金融机构或组织是既定的，对现有金融体系的讨论和改革只能在这个前提下进行。默顿和博迪（Merton & Bodie，1995）主张从金融功能的视角分析金融体系，探讨金融发展对经济增长的作用，并提出了金融功能理论，该理论基于两个假定，一是相较于金融机构而言，金融功能更加稳定，即随着时间和空间的变化，金融功能的变化比金融机构的变化小；二是金融功能优于金融机构，金融机构不断创新和竞争是为了增强金融功能和提高效率。实际上，金融功能理论认为，金融机构的组织形式是可以改变的，而金融的经济功能是基本不变的，要在确定金融体系应具备的经济功能的基础上，建立能够行使这些经济功能的金融机构。

默顿和博迪（1995）指出，金融体系的基本功能是在不确定的环境中，在时间和空间上进行经济资源的配置。具体来看，金融体系具有六大功能：一是支付清算，即金融体系为商品、服务和各种资产的交易提供支付结算工具，有利于节约企业或个人的交易成本；二是集中资本和分割股份，即金融体系能够将小额资金或短期资金集中起来，以满足企业的大规模资金需求和长期资金需求；三是转移资源，即金融体系能够便利资源在不同的时间和空间，以及不同产业间转移，包括将经济资源配置到生产效率高的部门或企业，从而优化资源配置；四是管理和控制风险，即金融体系能够通过套期保值、投资组合、金融衍生品等多种方式分散、转移和控制风险，减轻金融风险对经济的冲击；五是提供信息，即金融体系为企业或家庭提供价格等方面的市场信息，从而为其作出消费储蓄决策和资产配置决策提供依据；六是解决激励问题，即金融体系为解决信息不对称而产生的代理问题、逆向选择问题、道德风险问题提供了方法和途径。

莱文（Levine，1997）认为，金融市场通过发挥各种功能的作用来推动经济增长，进一步把金融体系的功能归纳为风险管理、信息揭示、公司治理、动员储蓄、便利交换五种功能。其中，风险管理功能能够增强资产流动性和减少交易费用；信息揭示功能能够降低经济主体的信息搜寻成本，提升资源配置效率；公司治理功能可以减少投资者因获取的信息不足而造成的选择成本，缓解代理人和所有者之间的矛盾，推进公司治理进程；动员储蓄功能通过向居民提供投资高收益项目的机会，整合、集中社会零散资金，优化社会资本配置；便利交换功能可以推动社会分工，降低交易成本，提高社会生产率。拉詹和津加莱斯（Rajan & Zingales，1998）指出，会计、信息披露和公司治理是重要的金融功能，这些功能的发挥能够促进金融机构缓解逆向选择和道德风险问题，最终促进经济增长。

在本章研究情境下，金融市场发展和金融市场化的有序推进，使得金融体系能够更好地发挥聚集和分配资源的功能，有利于拓展企业融资来源，进而促进企业融资约束缓解，企业能够筹集到研发创新活动所需资金，企业创新投入增加，从而促进企业创新。本章在企业股权融资机制部分，认为研发创新活动具有高风险、高收益并存的特点，股权投资追求高回报和承担高风险的特征正好与其匹配，企业可以通过股权融资渠道筹集创新活动所需资金，这是金融体系配置经济资源功能的有效发挥。

3.1.2 凯恩斯的货币需求理论

凯恩斯的货币需求理论是货币经济理论的典型发展成果，是凯恩斯革命的重要组成部分，它构成了众多货币经济议题和宏观经济政策讨论的经济学基础。凯恩斯（Keynes，1936）认为，人们的货币需求是出于三种动机，分别是交易动机、预防动机和投机动机。交易动机是指个人或企业为了保证具有足够的现金支付能力以应对日常的商品交易活动而产生的持有货币的动机。凯恩斯把交易动机分类为所得动机和业务动机，所得动机主要是针对个人，而业务动机主要是对于企业而言。基于交易动机而产生的货币需求被称为交易性货币需求，这种货币需求随收入的增加而上升，是收入的递增函数。这部分货币充当着商品交换媒介和流通手段的职能，且由于个人和企业用于交易的货币总额是可以事先估计的，这部分货币需求相对稳定。另外，虽然交易性货币需求也会受到利率高低的影响，但由于这部分需求是必不可少的，因而对利率的反应不太敏感。

预防动机也称为谨慎动机，是指人们为了应对意外情况而持有货币的动机。基于预防动机而产生的货币需求称为预防性货币需求，这种货币需求的大小主要取决于人们对意外事件的预期和态度，以及人们收入的多少，收入越高的人因预防不可预测的事件而持有的货币量将越多。

投机动机是指人们为了在未来的某一适当时机进行投机活动以便从中获利，而产生的持有货币的动机。出于这种动机而产生的货币需求称为投机性货币需求，这种货币需求与利率呈负相关关系，并且对利率的反应非常敏感，如果现行利率过高，人们预期利率会进入下降趋势，也就是说债券价格将上涨，就会选择不持有货币而买进债券，这时投机性货币需求减少；如果现行利率过低，人们预期利率会进入上升趋势，也就是说债券价格将下跌，就会选择抛售债券而持有货币，这时投机性货币需求增加。交易动机和预防动机，加上投机动机而产生的货币需求，构成了货币总需求。

本章的视角之一即是从企业资本配置视角理论分析金融发展对企业创新的影响机制，探讨企业金融资产配置调节机制在金融发展影响企业创新过程中的作用。要研究企业金融资产配置对金融发展和企业创新之间关系的影响，首先要分析企业配置金融资产的具体动机（王红建等，2017）。金融资产表现出高流动性的特点，与货币资产具有相似性，而凯恩斯货币需求理论认为人们持有货币资产是基于交易动机、预防动机和投机动机，因此，本章借鉴凯恩斯的货币需求理论来分析企业配置金融资产的动机，以便探究企业金融资产配置调节机制。

3.1.3　信息不对称理论

传统经济学理论假设市场上所有的经济主体拥有完全信息，经济主体的各项决策是依据完全信息而做出的。事实上，由于信息获取需要高昂的成本，以及市场经济主体有限的认知能力，现实中的市场是一个不完全信息市场，信息不对称现象在日常经济活动中无处不在。信息不对称理论是信息经济学研究的核心内容，信息不对称是指在市场经济活动中，市场参与方对于有关信息的掌握程度是有差异的，某些市场参与方拥有比另一些参与方更多的信息。信息不对称导致的后果是，有信息优势的一方往往处于比较有利的位置，而信息缺乏的另一方则处于比较劣势的地位。信息不对称理论揭示了市场体系存在的缺陷，信息不对称会对市场运行效率产生不利影响，其引发的道德风险、逆向选择等问题会扭曲市场机制的作用，造成市场失灵。信息不对称理论囊括丰富的内容，本书所涉及的相关理论主要有以下两个。

3.1.3.1 委托代理问题

委托代理理论是契约理论的重要组成部分，是研究信息不对称环境中经济行为的理论，其所研究的委托代理关系是指一个或多个行为主体根据相关的契约指定或雇佣另一些行为主体为其提供服务，且授予后者一定的决策权利，并按照其提供的服务数量和质量给予报酬，前者称为委托人，后者称为代理人。而当代理人和委托人的利益或追求的目标并不完全一致，即代理人和委托人存在利益冲突，并且代理人处于信息优势，委托人不能对其进行完全监督时，代理人就有动机以损害委托人的利益为代价来增加自身的利益，这就产生了委托代理问题。委托人与代理人之间目标不一致、信息不对称，以及契约的不完全性是委托代理问题产生的主要原因。

代理问题会产生代理成本，根据詹森和梅克林（Jensen & Meckling，1976）对代理成本的定义，代理成本由三部分组成，一是监督成本，即委托人激励和监督代理人所产生的成本；二是约束成本，即代理人保证不损害委托人利益而付出的成本；三是剩余损失，即委托人因代理人代理决策而面临的损失。委托代理理论认为，为了减少代理成本，委托人有必要建立激励约束机制，这套机制要解决的问题是委托人如何依据观测到的不完全信息来奖励或处罚代理人，以激励代理人选择或做出能够促进委托人利益最大化的行为。

在公司治理层面，施莱弗和维什尼（Shleifer & Vishny，1997）指出，委托代理问题的根源在于企业所有权和控制权的分离，当股权集中度较低时，股权的分散会使企业经理人的行为缺乏监督和制约，企业经理人为了实现自身利益的最大化，会损害股东的利益，这种企业经理人与股东之间的利益冲突所引起的代理问题被称为第一类代理问题。当股权集中度较高时，出于保护自身利益的需要，控股股东会采取更加严格的措施对经理人进行监督和制约，此时第一类代理问题得到缓解，但是控股股东会依托对公司的控制权，为了自身利益而做出损害小股东利益的行为，与小股东产生利益冲突，这种控股股东与小股东之间的利益冲突所引起的代理问题被称为第二类代理问题。

3.1.3.2 道德风险与逆向选择

道德风险和逆向选择是由经济生活中信息不对称引发的问题，会妨碍市场对经济资源的合理配置，同时也是"经济人"趋利避害特性的体现。阿罗（Arrow，1963）首先将道德风险的概念引入经济学中，道德风险是指在信息不对称的情况下，交易双方在签订交易契约后，占有信息优势的一方为了追求自身的效应最大化而做出损害另一方利益的行为的可能性。在保险市场上普遍存在着道德风险问题，就财产保险而言，投保人在购买了某项财产保险后，就会开始不重视自身财产的安全保护问题，减少或放弃原来的保护措施。

逆向选择是指由于市场上交易双方信息不对称，市场价格下降造成劣质品驱逐优质品，从而导致市场交易产品平均质量下降的现象。阿尔克洛夫（Akerlof，1970）提出的旧车市场模型是逆向选择研究的开创性成果，该模型认为，在旧车市场上，买家和卖家之间存在着信息不对称，卖家掌握着旧车的质量信息，而买家不掌握，买家只愿意根据旧车的平均质量支付价格，这就导致质量高于平均水平的旧车退出市场，质量低于平均水平的旧车进入市场，出现劣质品驱逐优质品的现象，结果市场上旧车的平均质量下降。除了旧车市场外，保险市场上投保人隐藏健康信息，信贷市场上借贷人隐瞒个人风险信息等都会产生逆向选择问题。

道德风险问题和逆向选择问题都是以信息不对称为前提条件，区别在于逆向选择问题是由于事前的信息不对称造成的，产生于合同订立之前，而道德风险问题是由于事后的信息不对称导致的，产生于合同订立之后。因此，迈尔森（Myerson，1991）将"由参与人错误报告信息引起的问题"定义为"逆向选择"，将"由参与人选择错误行动引起的问题"定义为"道德风险"。

本章在企业融资约束机制部分，认为在金融发展程度较低时，企业与银行等金融机构存在着信息不对称，会导致逆向选择和道德风险问题的产生，这是企业面临融资约束的重要原因。在企业金融资产配置调节机制部分，认为由于金融资产投资具有超额回报率，企业存在的代理问题会导致企业将多数资金运用于金融资产配置，而忽视实体创新带来的长期收益，最终企业会逐渐丧失开展创新活动的积极性，进而对金融发展和企业创新之间的关系产生不利影响。

3.2 金融发展对企业创新影响的机制分析

要研究金融发展通过哪些渠道或机制影响企业创新，首先就要分析企业创新的影响因素，而影响企业创新最重要的因素之一，则是企业研发创新资金。就企业研发创新资金而言，其主要来源于企业内部融资和外部融资。显而易见，金融发展水平作为宏观经济变量和外生变量，对企业内部融资影响有限。而一个国家金融发展程度代表着企业等市场主体所面对的金融市场环境状况，包括企业外部融资渠道是否顺畅，以及企业是否能够获得足够的生产经营所需资金。因此，金融发展水平将对企业外部融资产生重要影响，进而影响企业创新投入，从而影响企业创新水平。总之，要探讨金融发展对企业创新的影响机制问题，首先要研究金融发展如何通过影响企业外部融资，进而对企业创新产生影响。具体地，金融发展对企业外部融资的影响，主要包括对企业融资约束和融资模式的影响。就企业融资模式而言，其主要涉及股权融资和债务融资，与债务融资相对比，企业通过股权融资渠道获得的资金无须还本付息，具有长期性和不可逆性，能保障企业研发创新活动的长期资金投入和持续开展，因此，股权融资能够为企业创新提供重要支撑。综上所述，我们有必要从企业外部融资视角来研究金融发展对企业创新的影响机制，分析金融发展如何通过企业融资约束机制和企业股权融资机制对企业创新产生影响。

其次，企业开展研发创新活动，需要大量的资金投入，这涉及企业资本的配置问题。而伴随着金融发展和经济金融化，金融部门与实体企业的关系越来越紧密，大量实体企业通过金融资产配置的方式进军金融领域，金融资产投资在实体企业投资中所占比例日益增大，实体企业的金融资产配置程度提升趋势愈发明显，企业金融资产的配置同样涉及企业资本的配置问题。金融发展能够促进企业融资，使得企业拥有更多资本配置于研发创新活动，而在企业资金有限的条件下，企业进行金融资产的配置，必将影响企业对于研发创新活动的资本配置，从而对金融发展的创新效应产生不利影响，也就是说，企业金融资产配置会影响金融发展与企业创新之间的关系，对二者之间的关系具有调节作用。因此，我们有必要从企业资本配置视角来研究金融发展对企业创新的影响机制，分析企业金融资产配置调节机制在金融发展影响企业创新过程中的作用。

本节从两个视角就金融发展对企业创新的影响机制进行理论分析，一是从企业外部融资视角分析金融发展如何通过企业融资约束机制和企业股权融资机制对企业创新产生影响；二是从企业资本配置视角分析企业金融资产配置调节机制在金融发展影响企业创新过程中的作用。

3.2.1 企业融资约束机制

企业融资约束是指资质良好的企业难以从外部融资渠道获得足够的资金以满足企业的融资需求，且由于金融市场的不完善和内外部融资的成本差异，使得企业内部融资与外部融资无法完全替代。企业面临融资约束的情况包含两种，一种情况是企业不满足金融机构的借贷要求，例如缺乏资质、抵押品匮乏等；另一种情况是外部融资成本较高，企业融资需要付出较高的资金成本。

企业进行外部融资，不论是债务融资还是股权融资，都要以金融市场作为依托，金融市场的发展程度直接关系到企业融资渠道是否顺畅、企业能否获得融资，以及融资的难易程度和价格高低。因此，金融市场的发展水平对企业融资约束程度具有重要影响（Beck et al.，2008；沈红波，2010；凌立勤和王璐奇；2017）。金融发展主要通过以下路径缓解企业面临的融资约束。第一，金融发展有效降低了信息不对称程度，有助于缓解企业融资约束。企业为了避免商业机密外泄，而不愿向银行等金融机构提供有关自身投资项目和经营领域的重要信息，造成金融机构无法获悉企业投资和经营活动的真实情况，而不能评估企业融资项目的盈利能力和优劣状况，即存在企业融资前的信息不对称，而这种事前的信息不对称可能会导致"逆向选择"问题。如果金融机构给予企业信贷支持，也缺乏有效的手段和方式监控企业对资金的使用，进而难以掌握企业对资金运用的具体信息，即存在企业融资后的信息不对称，而这种事后的信息不对称可能会引发"道德风险"。金融机构为了防止"逆向选择"和"道德风险"的发生，就会不为相关企业提供融资支持，或者通过提高企业融资利率的方式来降低自身的风险，这就导致企业面临融资约束。因此，企业与金融机构之间的信息不对称是造成企业融资约束的重要原因（Kaplan & Zingales，1997）。在金融发展过程中，金融服务体系和金融市场制度日臻完备，金融科技日新月异，企业与金融机构之间存在的信息不对称问题逐渐缓解。具体表现为，一方面，金融机构获取和处理信息的能力显著增强，对企业信息的搜寻成本明显降低，能够对企业投资项目进行合理评估和甄别，再者，随着现代信息技术运用于金融领域，金融机构在风险识别、监督企业行为、追踪和监控企业资金利用等方面有很大改进。另一方面，随着证券市场制度和上市公司制度渐趋完善，企业信息披露制度也逐渐完备，信息披露质量不断提升，外部投资者和银行等金融机构能够掌握更多的、更核心的企业信息。总之，随着金融发展，金融机构与企业之间的信息不对称状况在很大程度上有所改善。信息不对称问题的缓解降低了"逆向选择"和"道德风险"发生的概率，减少了融资过程中的信息成本和交易成本，从而减轻了企业面临的融资约束。

第二，金融发展拓宽了企业融资来源，促进企业融资约束缓解。中国以商业银行为主体的金融中介的发展，以及股票市场、债券市场等资本市场的发展，都显著提升了企业外部资金可获得性，拓宽了企业的外源融资渠道。一方面，金融发展规模的扩大，金融机构的增多，不仅可以提高金融市场资本供给的绝对量，还能通过提升储蓄向投资的转化效率而增加资本供给的相对量。另一方面，金融市场的发展和改革促进了金融工具和金融产品的开发创新，使得银行等金融机构能够提供多元化的金融服务，为投资者提供大量收益稳定、流动性较强、安全可靠的创新产品，而且这些金融产品的交易成本也在不断降低，不可否认的是，金融市场出现的越来越多的金融工具和金融产品，增加了金融市场的资金供给，拓宽了企业的融资渠道和融资方式（沈红波等，2010）。

第三，金融发展伴随着金融市场化程度的提升，金融市场化有利于缓解企业的融资约束。在金融市场发展初期，金融市场化程度较低，为了追求经济增长和更高的财政收入，普遍存在着地方各级政府干预金融市场的现象，造成资本要素价格扭曲、资本配置效率低下等问题凸显，因此，企业面临着较大的融资约束。伴随着金融发展，金融市场化改革持续推进，金融市场化程度显著提升，金融资源更多依赖市场机制和市场规则进行有效配置，这降低了资本要素价格扭曲程度，改善了金融资源错配程度，推进了资本配置效率提升（方军雄，2007），进而促进企业融资约束的降低。另外，作为金融市场化改革的重要一环，利率市场化对企业融资约束会产生重要影响。根据金融抑制理论，发展中国家往往通过利率管制来刺激投资和生产，但结果是储蓄水平不足和资金缺口扩大。而随着我国利率市场化改革的推进，储蓄存款总额显著增加，提高了金融市场的资金供应。此外，利率市场化运行使得贷款机构可以根据企业的信用等级和经营绩效调整利率水平，从而降低优质企业的融资成本（胡晖和张璐，2015）。因此，利率市场化从资金供应提升和融资成本降低两方面有效缓解了企业面临的融资约束。

根据优序融资理论，企业研发创新的资金首先来源于内部融资，即企业留存收益，其次是外部融资。企业创新需要大量的资金进行长期投资，企业内部留存收益往往不足以满足企业创新活动的资金需求，剩余的资金缺口必然要依靠外部融资渠道筹集，因此，外部融资是企业创新资金的重要来源（张杰等，2012）。而企业进行外部融资，由于信息不对称等原因，在一定程度上面临着融资约束。但是，如前文所述，金融发展水平的提升通过缓解信息不对称程度、拓宽企业融资来源、金融市场化，进而降低了企业面临的融资约束程度，使得企业有更多的资金募集渠道，以及企业的融资成本减少，以至于企业能够筹集到更多研发创新活动所需资金，企业创新投资增加，从而有利于企业创新。总之，金融发展通过降低企业融资约束，进而促进企业创新，即金融发展通过企业融资约束机制对企业创新产生促进作用。

3.2.2 企业股权融资机制

企业的融资渠道分为内部融资和外部融资。外部融资渠道主要包括股权融资和债务融资，股权融资是指企业股东自愿出让部分股权份额，通过增资的方式引入新的股东，企业总股本随之增加的融资方式，并且对于股权融资所筹措的资金，企业不用还本付息，但是，新股东与老股东共同分享企业的股利。长期以来，我国的金融体系以银行业为主体，这造成了以银行信贷为主的间接融资在企业外部融资中一直居于主导地位，而以股权融资为代表的直接融资在企业外部融资中所占比例相对较小。随着金融发展步伐逐渐加快，以商业银行为主体的金融中介市场及资本市场获得了长足发展。金融中介和资本市场的发展为企业和投资者进行股权投资提供了多元的融资渠道和充足的资金，资本市场的发展还为股权投资提供了便捷的交易平台，这使得企业更易通过股权融资筹集到资金，金融市场上股权融资比重上升，因此，金融发展促进了企业股权融资。

另外，企业股权融资主要从以下三个方面促进企业创新。第一，股权融资能够为企业创新提供资金。一方面，企业创新需要大量的资金支持，仅仅依靠内源性融资可能无法足额筹集到所需资金，而股权融资作为企业外部融资的重要渠道之一，通过股权融资，可以弥补企业创新资金不足问题，为企业研发创新投资解决资金难题。另一方面，企业研发创新活动是一个长期的过程，需要长久的资金投入，一旦研发创新的资金链断裂，就会造成企业创新失败和人才流失（李汇东等，2013）。相对于债务融资而言，通过股权融资渠道获得的资金具有长期性和不可逆性，能保障企业研发创新的长期资金投入，保证企业创新持续进行，而且，采用股权融资，企业没有还本付息压力，促使企业能够将主要资源和精力投入创新领域。因此，股权融资通过为企业创新提供资金而促进企业创新。

第二，股权融资对企业创新具有激励效应。研发创新活动具有高风险、高收益并存的特点，根据风险与收益匹配理论，通常要求为企业创新提供融资的资本拥有相同的特性，而股权投资追求高回报和承担高风险的特征正好与其匹配。而如果通过股权融资筹措研发创新活动所需资金，由于其资金性质要求高回报，势必要求企业集中资源进行研发创新，尽最大可能去除不确定性因素，提升研发创新的成功率，并且，要求企业加快创新成果转化，以加速回收研发创新收益，只有这样，企业才能以创新获取的高收益，满足股权融资所筹措资金要求的高回报。进一步地，企业只有不断进行研发创新，提升核心竞争力，在市场竞争中占据有利位置，进而能够给企业股东派送高额股利，才能吸引更多的股权投资，企业也更易通过股权融资渠道筹集创新研发活动所需资金，进而促进企业创新。因此，股权融资对企业创新具有激励效应，有利于企业创新。

第三，股权融资通过引进优质股东而促进企业创新。股权融资有可能引进技术创新水平较高的优质企业作为股东，这些企业拥有先进的技术与研发人才，通过企业之间的技术交流与共享，以及开展企业之间的协同创新，充分汲取技术的溢出效应，能够增强企业创新活力，提升企业创新水平。同时，这些企业具有丰富的研发创新经验，通过参与管理和分享管理经验，会提升企业研发创新管理水平，缩短企业研发周期，提升创新成功率，从而提高企业研发创新效率，促进企业创新。综上所述，企业股权融资通过为企业创新提供资金、激励企业创新和引进优质股东而促进企业创新。总之，金融发展通过促进企业股权融资，进而提升企业创新水平，即金融发展通过企业股权融资机制对企业创新产生促进作用。

3.2.3　企业金融资产配置调节机制

伴随着社会主义市场经济发展和经济体制改革，金融市场出现了越来越多的金融工具和金融衍生品，为企业投资者提供了大量高收益、高流动性的金融产品，企业在进行金融投资时，可以根据企业自身条件，选择适合投资的金融产品，也就是说，企业金融资产的配置拥有了更多元化的投资标的。同时，金融市场化的推进也为企业金融资产投资减少了制度性约束和阻碍，使得企业金融资产配置程度提升。

企业金融资产配置在金融发展影响企业创新过程中发挥着怎样的作

用，显然与其配置或投资金融资产的具体动机相关（王红建等，2017）。金融资产表现出高流动性的特点，与货币资产具有相似性，因此，企业配置金融资产的动机可以借鉴凯恩斯的货币需求理论进行分析。按照凯恩斯货币需求理论，人们持有货币资产的动机包括交易动机、投机动机和预防动机（Keynes，1936）。金融资产不同于货币资产，不能用于交易，企业不会基于交易动机而持有金融资产。那么，结合金融资产的具体属性，企业配置金融资产就只有两个动机，分别是市场套利动机和资金储备动机（Duchin et al.，2017；胡海峰，2020），对应凯恩斯货币需求理论的投机动机和预防动机。市场套利动机是指企业为了获取收益而配置金融资产，资金储备动机是指企业为了储备资金用于将来的投资活动而配置金融资产。

由于金融资产的高额回报率，企业配置金融资产或参与金融投资活动以追求回报本身可作为一种理性的市场行为来看待（肖忠意和林琳，2019），因此，我们基于市场套利动机，来分析企业金融资产配置在金融发展影响企业创新过程中的作用。企业开展研发创新活动，需要大量的资金投入，这涉及企业资本的配置问题，而企业金融资产的配置同样涉及企业资本的配置问题。在前文中，我们认为金融发展减轻了企业融资约束，促进了企业股权融资，而企业融资约束的缓解和企业股权融资使得企业能够筹集到更多生产运营资金，以至于企业拥有更多资本配置于研发创新活动，企业创新投入增加，进而促进了企业创新。但是，在资金有限的条件下，企业进行金融资产的配置，必将减少企业对于研发创新活动的资本配置，使得企业创新投入减少，即企业金融资产配置对企业创新投资形成"挤出效应"，进而对金融发展的创新效应产生不利影响，抑制金融发展对企业创新的促进作用。

从当前我国企业整体经营绩效来看，企业逐渐进入主营业务利润率下滑区间，再加上代理问题普遍存在于现代企业中，金融资产的超额回报率会诱导企业将多数资金运用到金融资产配置上（Harford，2014），并驱使企业更加重视金融投资获得的短期利益，忽视实体创新带来的长期收益，从而逐渐丧失开展创新生产活动的积极性。进一步地，企业创新积极性的丧失会造成企业创新投资进一步减少，而金融资产配置方面的投入会相对增多，放大了企业金融资产配置对创新投入的"挤出效应"，进而更加抑制金融发展对企业创新的促进作用。

另外，从行为金融学的"减少后悔与推卸责任"心理进行分析，企业研发创新活动具有高投资和高风险的属性，如若失败，将造成企业人力和资本两方面的巨大损失，随之而来的后果是，管理层要负相应责任而影响其职业发展。而金融资产投资不仅拥有高额回报率，而且具有较高的可逆转性，就算是投资失利，管理层也可将其原因归咎于金融风险等外部因素。因此，管理层为了减少后悔和推卸责任，会倾向于降低企业创新投资，增加金融资产配置，而进一步扩大企业金融资产配置对创新投入的"挤出效应"，从而进一步抑制金融发展对企业创新的促进作用。所以，基于市场套利动机，企业金融资产配置对创新投入形成"挤出效应"，抑制金融发展对企业创新的促进作用，对金融发展和企业创新之间的关系会产生负向调节效应。

第4章

金融发展对企业创新
影响的经验证据

4.1 引　　言

改革开放以来，我国金融发展取得了重大成就，已基本建成与社会主义市场经济相适应的现代金融体系，在宏观金融调控体系、金融监管体系、金融服务体系等方面的建设渐趋完善，金融市场在服务实体经济发展、保障企业融资需求和促进国家经济增长方面发挥着关键且有效的作用。在新时代，金融市场体系和金融服务体系正朝着更加制度化和高效化的方向迈进，金融发展服务实体经济和技术创新的体制机制也在不断创新与完善。另外，在创新方面，近年来，我国深入实施创新驱动发展战略和"大众创业、万众创新"，国家整体技术创新实力显著增强，企业专利拥有量不断提升，但与世界上的创新强国相比，我国的创新能力依旧偏弱，仍需经过较长时间的努力和沉淀，才能进入世界创新强国行列。

本章将在已有文献研究的基础上，实证分析金融发展与企业创新之间的关系，检验金融发展对企业创新的影响，并进行稳健性检验和内生性处理，以确保所得结论的稳健性。本章实证检验金融发展对企业创新的影响的目的在于：第一，在已有文献研究的基础上，进一步检验金融发展与企业创新之间的关系，观察其结论是否与已有文献研究结论相符；第二，在实证检验金融发展对企业创新的具体影响机制之前，需要先验证金融发展是促进企业创新还是抑制企业创新，从而为后续检验具体影响机制奠定基础。本章剩余部分安排如下：第4.2节为研究设计，主要进行计量模型设定和变量选取；第4.3节为数据说明和描述性统计分析；第4.4节为实证结果与分析，检验金融发展对企业创新的影响，并对基准模型的结论进行稳健性检验和内生性问题处理；第4.5节为本章小结。

4.2　研究设计

4.2.1　模型设定

借鉴已有文献研究思路（沈红波，2010；何瑛等，2019；赵奇锋和王永中，2019），为考察金融发展对企业创新的影响效应，本章建构如下计量模型：

$$Innovation_{i,t} = \beta_0 + \beta_1 Finance_{i,t-1} + \gamma Controls_{i,t-1} + Industry + Year + \varepsilon_{i,t}$$

$$(4.1)$$

其中，i 代表企业，t 代表年份，$Finance$ 代表金融发展，$Innovation$ 表示企业创新，β_0 为常数项，β_1 为金融发展的系数，$Controls$ 为一系列影响企业创新的控制变量，ε 表示随机扰动项。$Industry$、$Year$ 分别表示企业所属行业固定效应、年份固定效应，在回归模型中对这两种固定效应均进行控制。考虑到企业开展研发活动是一个漫长的过程，从研发投入到专利产出需要较长时间，导致解释变量和控制变量对企业创新的影响存在一定的时滞，因此，对解释变量和控制变量均进行滞后一期处理（虞义华等，2018）。

4.2.2　变量选取

4.2.2.1　企业创新

已有文献使用企业专利申请量（Dosi et al.，2006；He & Tian，2013；Chemmanur et al.，2014；徐细雄和李万利，2019；戴静等，2020）、企业专利授权量（Hirshleifer et al.，2012；Chang et al.，2015；Balsmeier et al.，2017）、知识产权数量（蔡地等，2014）、无形资产增量与企业期末总资产比值（万佳彧等，2020）、新产品销售收入（吴延兵，2006）、企业新产品销售额与主营业务收入之比（杨战胜和俞峰，2014）、新产品投入市场情况（李香菊和贺娜，2019）等作为企业创新的测度指标，概括来看，主要是从新产品销售情况和企业专利数量两方面衡量企业创新。从技术创新的实质和经济化内涵来看，用新产品的销售数据测度企业创新似乎更合适，但是，新产品也许是用购买的技术生产出来的，而不是通过企业自主研发出来的，我们所谓的创新通常指的是自主创新，如果使用新产品的销售数据作为企业创新的代理指标，可能会放大企业创新绩效，同时，目前也缺乏上市公司新产品销售方面的数据。因此，借鉴相关文献对企业创新的测度，以及考虑数据的可得性，本章使用企业拥有的专利申请量衡量企业创新，虽然使用专利申请量衡量企业创新具有一定的局限性，比如企业研发创新活动的产出不局限于专利形式，专利的数量并不能反映专利经济价值的差别和变化等。

由于专利包括发明专利、实用新型专利、外观设计专利三种类型，本章使用企业专利申请总量的自然对数（ln$patent\_apply$）、企业发明专利申请量的自然对数（ln$ipatent\_apply$）、企业实用新型专利申请量的自然对数（ln*upatent_apply*）、企业外观设计专利申请量的自然对数（ln*dpatent_apply*）作为企业创新的代理指标。在稳健性检验部分，我们参考相关文献的研究（Hirshleifer et al.，2012；Chang et al.，2015；Balsmeier et al.，2017），使用企业拥有的专利授权量测度企业创新，利用企业专利授权总量的自然对数、企业发明专利授权量的自然对数、企业实用新型专利授权量的自然对数、企业外观设计专利授权量的自然对数作为企业创新的替换指标。

4.2.2.2　金融发展

已有文献对金融发展的测度指标进行了详尽研究，最著名的莫过于戈氏指标和麦氏指标。戈氏指标即戈德史密斯提出的金融相关比率，使用一国或一地区全部金融资产与国民财富价值的比值进行测度，金融资产包括货币类金融资产、证券类金融资产以及具有各种用途的专项基金（Goldsmith，1969）。麦氏指标由麦金农提出，利用货币存量与国内生产总值的比值测度一国的金融发展，通常将该指标简化成 M2 与 GDP 的比值（Mckinnon，1973）。在戈德史密斯和麦金农之后，国内外文献拓展了金融发展的测度指标。如金和莱文（King & Levine，1993）使用货币供应量与 GDP 的比值、商业银行国内资产与商业银行和中央银行国内资产之和的比值、私人企业贷款占总贷款的比值、私人企业贷款占 GDP 的比值测度金融发展。张成思等（2013）从金融发展的规模、效率和竞争程度三个维度对金融发展指标进行刻画，其中，金融发展的规模指标包括金融相关比率、金融发展深度、居民储蓄比率三个细分指标；金融发展的效率指标涉及储蓄投资转化率、存贷比、非国有企业或获贷比三个细分指标；金融发展的竞争程度指标采用非国有金融机构吸收存款占全部金融机构吸收存款的比重来测度。

严成樑等（2016）使用五个指标衡量金融发展水平，首先，运用金融机构信贷总额与 GDP 的比值度量金融发展；其次，从金融市场角度和国外融资角度测度金融发展程度，分别使用金融市场融资总额、FDI 占国内生产总值的比重作为衡量指标；最后，采用樊纲等（2011）编制的《中国市场化指数》中的金融业竞争指数和信贷资金分配的市场化指数来代理金融发展。王宇鹏和赵庆明（2015）利用私人信贷规模占 GDP 的比重来衡量各国的金融发展水平。钟腾和汪昌云（2017）从股票市场规模、银行业规模和银行业市场化三个层面测度金融发展，在股票市场规模层面，使用各省的股票流通市值与 GDP 的比值，以及各省在沪、深交易所上市的公司数量来衡量；在银行业规模层面，衡量指标包括金融相关比率和金融深度，分别采用各省的金融机构存贷款余额之和与 GDP 的比值、各省的金融机构贷款余额与 GDP 的比值测度；在银行业市场化层面，利用樊纲等（2011）编制的《中国市场化指数》中的非国有企业获贷比和金融业竞争指数来表征。

参考已有文献的研究成果（King & Levine，1993；Lu & Yao，2009；赵勇和雷达，2010；张成思等，2013；严成樑，2016；钟腾和汪昌云，2017），本章从宏观金融发展和金融市场发展两个维度衡量金融发展。在宏观金融发展维度，分别从金融发展规模（*Finscale*）和金融发展结构（*Finstruct*）两方面测度宏观金融发展，运用各省金融机构存贷款余额之和与地区生产总值的比值衡量金融发展规模；由于本书将金融发展结构界定为资本市场相对于金融中介市场发展规模的变化，使用各省上市企业股票市值与金融机构贷款余额的比值测度金融发展结构，该比值升高，说明金融发展结构得到改善。在金融市场发展维度，由于金融市场主要由金融中介市场和资本市场构成，我们分别从金融中介发展（*Fininter*）和资本市场发展（*Capmarket*）两方面测度金融市场发展，使用各省金融机构贷款余额与地区生产总值的比值衡量金融中介发展；利用各省上市企业股票市值与地区生产总值的比值度量资本市场发展。

4.2.2.3　控制变量

Controls 为一系列控制变量，控制变量包括地区层面控制变量和企业层面控制变量。地区层面控制变量包括：（1）人力资本水平（lnhuman），

研发人员是企业进行技术创新的基本要素，企业所在地区人力资本的丰裕度对企业创新有直接影响，采用各省高等学校在校生数的自然对数作为人力资本水平的代理变量。（2）基础设施建设水平（lninfrast），企业创新除了需要企业投入物质资本和人力资本外，企业所在地区的创新环境也至关重要，而地区基础设施建设水平的高低关系到地区创新环境的优劣，使用各省公路里程的自然对数作为基础设施建设水平的代理指标（卞元超，2019）。（3）经济发展水平（lneconomy），企业创新是经济发展的动力，而地区经济发展水平对企业创新具有重要的反作用，这体现在经济发展水平高的地区，具有更优越的创新环境和创新基础，则企业更易开展创新活动及提高创新成功率，运用各省人均国内生产总值的自然对数作为经济发展水平的代理变量（李政和杨思莹，2018）。

参考以往文献的研究成果（潘海英和王春凤，2020；赵奇锋和王永中，2017；何瑛等，2019；王红建等，2017；何玉润等，2015；田轩和孟清扬，2018），企业层面控制变量选取如下：（1）企业年龄（lnfirmage），根据企业生命周期理论，在不同的发展阶段，企业的战略选择和行为会有所不同，因此，企业年龄会影响企业的创新决策和创新行为，本章根据企业成立时间计算企业年龄，取其自然对数并加以控制。（2）企业盈利能力（ROA），企业开展创新活动必须以企业研发投入作为基础，而企业盈利能力的提升，有助于企业增加研发投入，所以，企业盈利能力能够对企业创新产生影响，使用企业总资产收益率作为企业盈利能力的代理指标，企业总资产收益率采用企业净利润占平均总资产的比例衡量。（3）企业市场势力（Marketpower），熊彼特创新理论认为市场势力是影响技术创新的重要因素，利用销售费用占营业收入的比重测度企业市场势力。（4）企业成长性（Salegrowth），企业未来的发展机遇在一定程度上能够影响企业的战略决策，因此，企业创新行为的选择和实施必然受到企业成长性的影响，运用营业收入增长率作为企业成长性的代理变量。（5）企业资本运营模式（Tangibility），企业开展研发创新活动需要大量的资金投入，关系到企业资本的配置和运营模式，用固定资产净额与总资产的比值来表示企业资本营运模式。（6）企业财务杠杆率（*Leverage*），企业的创新资金部分来源于外部融资，企业财务杠杆率的高低可能会影响企业研发创新活动的融资状况，进而作用于企业创新绩效，使用企业资产负债率作为企业财务杠杆率的衡量指标，企业资产负债率的计算方法为总负债除以总资产。（7）企业员工劳动生产率（ln*product*），企业创新能力与企业员工劳动生产率有关，员工劳动生产率越高，企业创新产出在很大程度上也会越高，采用企业人均营业收入衡量企业员工劳动生产率，并取其自然对数加以控制。（8）企业资本密度（ln*fixasset*），技术创新需要大量的物质资本投入，包括购置机器设备、建设研发实验室等，企业资本密度是衡量企业资本丰裕度的关键指标之一，利用人均固定资产净额的自然对数度量企业资本密度。（9）企业现金持有（*Cash_ratio*），企业技术创新活动需要可持续的资金投入，现金流的多寡关系到企业创新能否持续开展，是企业创新成功的重要保障，运用企业现金资产比率作为企业现金持有的代理变量，现金资产比率的计算方法为现金资产除以总资产。（10）企业所在行业竞争程度（*HHI*）及其平方项（*HHI_square*），行业内部竞争是企业创新的重要推动力，企业为了在竞争中具有优势或摄取垄断利润，必然更加重视创新的作用，因此，企业所在行业竞争程度对企业创新有直接影响，使用赫芬达尔指数作为企业所在行业竞争程度的衡量指标，各行业的赫芬达尔指数根据企业所占的行业市场份额计算所得。

主要变量名称及变量设定如表 4.1 所示。

表 4.1　　　　　　　　　　**变量名称及变量设定**

变量类型	变量名称	变量设定
因变量	企业创新（*Innovation*）	企业专利申请总量的自然对数；企业发明专利申请量的自然对数；企业实用新型专利申请量的自然对数；企业外观设计专利申请量的自然对数

续表

变量类型	变量名称	变量设定
解释变量	金融发展规模（Finscale）	各省金融机构存贷款余额之和与地区生产总值的比值
	金融发展结构（Finstruct）	各省上市企业股票市值与金融机构贷款余额的比值
	金融中介发展（Fininter）	各省金融机构贷款余额与地区生产总值的比值
	资本市场发展（Capmarket）	各省上市企业股票市值与地区生产总值的比值
地区层面控制变量	人力资本水平（lnhuman）	各省高等学校在校生数的自然对数
	基础设施建设水平（lninfrast）	各省公路里程的自然对数
	经济发展水平（lneconomy）	各省人均国内生产总值的自然对数
企业层面控制变量	企业年龄（lnfirmage）	根据企业成立时间计算企业年龄，取其自然对数
	企业盈利能力（ROA）	企业总资产收益率，采用企业净利润与平均总资产的比值衡量
	企业市场势力（Marketpower）	销售费用占营业收入的比重
	企业成长性（Salegrowth）	营业收入增长率
	企业资本运营模式（Tangibility）	固定资产净额与总资产的比值
	企业财务杠杆率（Leverage）	企业资产负债率，计算方法为总负债除以总资产
	企业员工劳动生产率（lnproduct）	企业人均营业收入的自然对数
	企业资本密度（lnfixasset）	人均固定资产净额的自然对数
	企业现金持有（Cash_ratio）	企业现金资产比率，计算方法为现金资产除以总资产
	企业所在行业竞争程度（HHI）	赫芬达尔指数，各行业的赫芬达尔指数根据企业所占的行业市场份额计算所得
	企业所在行业竞争程度的平方项（HHI_square）	赫芬达尔指数的平方，各行业的赫芬达尔指数根据企业所占的行业市场份额计算所得

资料来源：笔者整理。

4.3　数据说明和描述性统计分析

4.3.1　数据说明

本书基于2007~2017年沪深A股上市公司数据和省级层面数据进行实证研究，并根据企业所在省份，将上市公司数据与省级层面数据进行匹配。我国从2007年开始实施新会计准则，这就造成2007年前后上市公司财务数据统计口径不一致；另外，在2007年以前上市公司研发数据缺失严重，因此，我们选择2007~2017年为样本年份。在企业样本选择上，本书研究对象是企业创新，而技术创新通常只存在于实体企业，因此，我们剔除了房地产类和金融类上市企业，仅保留制造业上市企业作为考察对象。在数据处理方面，本书剔除了关键指标缺失严重的样本，还去除了不符合实际情况的样本，例如总资产小于固定资产、主营业务收入为负数等（鞠晓生，2013）。在数据来源方面，上市公司专利数据和财务数据主要来源于国泰安数据库、万德数据库和上市公司历年财务年报；各省份金融类数据、高等学校在校生数、公路里程、人均国内生产总值来自历年《中国统计年鉴》和各省份统计年鉴。

4.3.2　描述性统计分析

表4.2报告了主要变量描述性统计结果，涵盖变量的观测值、均值、标准差、最小值、中位数、最大值。从表4.2可知，在企业创新方面，企业专利申请总量、企业发明专利申请量、企业实用新型专利申请量、企业外观设计专利申请量自然对数的平均值分别约为2.47、1.77、2.02、1.76，从中可以看出，我国企业专利结构以实用新型专利和外观设计专

利为主，发明专利占比小于实用新型专利和外观设计专利占比之和，说明我国企业的创新以低水平创新为主，还处于"重数量、轻质量"的粗放型创新阶段。

表 4. 2　　　　　　　　　　　主要变量描述性统计

变量	观测值	平均值	标准差	最小值	中位数	最大值
ln$patent\_apply$	10763	2.47	1.42	0.00	2.40	8.86
ln$ipatent\_apply$	9438	1.77	1.33	0.00	1.61	8.68
ln$upatent\_apply$	8113	2.02	1.34	0.00	1.95	8.29
ln$dpatent\_apply$	3484	1.76	1.41	0.00	1.61	6.37
$Finscale$	15023	3.19	1.35	1.29	2.83	8.13
$Finstruct$	15023	0.52	0.57	0.07	0.34	4.12
$Fininter$	15023	1.30	0.46	0.54	1.20	3.08
$Capmarket$	15023	0.84	1.42	0.04	0.40	10.53
ln$human$	15023	13.78	0.64	10.19	13.85	14.52
ln$infrast$	15023	11.70	0.87	9.32	11.97	12.71
ln$economy$	15023	10.84	0.52	8.84	10.90	11.77
ln$firmage$	14399	2.67	0.36	0.00	2.71	4.08
ROA	14399	0.04	0.22	−3.99	0.04	22.01
$Marketpower$	15016	0.08	0.09	0.00	0.05	4.84
$Salegrowth$	12858	0.16	0.43	−1.00	0.12	24.53
$Tangibility$	15021	0.24	0.15	0.00	0.21	0.90
$Leverage$	15021	0.44	1.20	0.00	0.40	96.96
ln$product$	15022	13.52	0.81	7.72	13.47	19.70
ln$fixasset$	15016	12.46	0.93	4.83	12.45	17.66
$Cash\_ratio$	12622	0.20	0.35	−0.18	0.14	21.95
HHI	15023	0.36	0.28	0.03	0.27	1.00
HHI_square	15023	0.21	0.29	0.00	0.08	1.00

资料来源：笔者整理。

4.4　实证结果与分析

4.4.1　基准模型回归结果

为验证金融发展对企业创新的影响，本小节对式（4.1）进行回归。表 4.3 报告了金融发展规模对企业创新的估计结果，我们使用最小二乘法进行估计。表 4.3 的模型 1、模型 2、模型 3、模型 4 分别列出了金融发展规模对企业专利申请总量、发明专利申请量、实用新型专利申请量、外观设计专利申请量影响的估计结果。从表 4.3 模型 1 可知，金融发展规模的回归系数为 0.059，且在 1% 的水平上显著，表明金融发展规模的扩大对企业专利申请总量的提升具有显著的正向影响。根据表 4.3 模型 2 的估计结果，金融发展规模的回归系数为 0.110，且在 1% 的水平上显著，这意味着金融发展规模的扩大显著提升企业发明专利申请量。由表 4.3 模型 3 的估计结果来看，金融发展规模的回归系数为 0.046，且在 5% 的水平上显著，表明金融发展规模与企业实用新型专利申请量显著正相关，即金融发展规模的扩大有利于企业实用新型专利申请量的提高。从表 4.3 模型 4 可知，金融发展规模的回归系数为 0.089，且在 5% 的水平上显著，表明金融发展规模的扩大对企业外观设计专利申请量的提升存在显著的促进作用。总之，金融发展规模的扩大显著提升企业专利申请量，显著促进企业创新。

表 4.3　　　　　　　金融发展规模对企业创新的影响

变量	模型 1	模型 2	模型 3	模型 4
	ln$patent\_apply$	ln$ipatent\_apply$	ln$upatent\_apply$	ln$dpatent\_apply$
L1. $Finscale$	0.059 ***	0.110 ***	0.046 **	0.089 **
	(2.90)	(5.22)	(2.00)	(2.16)
L1. ln$human$	0.210 ***	0.227 ***	0.167 ***	− 0.199 *
	(3.92)	(4.10)	(2.70)	(− 1.65)

变量	模型 1	模型 2	模型 3	模型 4
	ln*patent_apply*	ln*ipatent_apply*	ln*upatent_apply*	ln*dpatent_apply*
L1. ln*infrast*	0.077	0.063	0.101 *	0.374 ***
	(1.62)	(1.27)	(1.88)	(3.72)
L1. ln*economy*	−0.132 *	−0.019	−0.192 **	0.173
	(−1.82)	(−0.25)	(−2.43)	(1.21)
L1. ln*firmage*	0.016	0.020	−0.008	−0.074
	(0.29)	(0.36)	(−0.14)	(−0.72)
L1. *ROA*	3.850 ***	3.680 ***	3.602 ***	3.745 ***
	(11.70)	(10.80)	(9.79)	(6.25)
L1. *Marketpower*	1.176 ***	1.183 ***	0.209	2.005 ***
	(4.70)	(4.54)	(0.59)	(4.52)
L1. *Salegrowth*	−0.117 ***	−0.110 ***	−0.083 **	−0.179 **
	(−3.70)	(−3.34)	(−2.08)	(−1.99)
L1. *Tangibility*	1.150 ***	0.742 ***	0.961 ***	1.875 ***
	(5.62)	(3.49)	(4.17)	(4.07)
L1. *Leverage*	1.044 ***	1.264 ***	1.195 ***	0.789 ***
	(9.96)	(11.64)	(10.30)	(3.96)
L1. ln*product*	0.277 ***	0.235 ***	0.130 ***	0.276 ***
	(7.41)	(5.99)	(3.18)	(3.94)
L1. ln*fixasset*	−0.201 ***	−0.119 ***	−0.129 ***	−0.220 ***
	(−5.62)	(−3.20)	(−3.36)	(−3.25)
L1. *Cash_ratio*	0.292 ***	0.291 ***	0.404 ***	0.365 *
	(3.21)	(3.12)	(3.23)	(1.90)
L1. *HHI*	0.443	2.052 ***	1.392 **	1.715 *
	(0.73)	(3.28)	(2.18)	(1.69)
L1. *HHI_square*	−0.208	−1.206 **	−1.030 **	−1.287
	(−0.43)	(−2.41)	(−2.02)	(−1.62)
_cons	−4.951 ***	−7.038 ***	−1.565	−5.892 ***
	(−3.97)	(−4.68)	(−1.42)	(−2.83)

续表

变量	模型1	模型2	模型3	模型4
	ln*patent_apply*	ln*ipatent_apply*	ln*upatent_apply*	ln*dpatent_apply*
Year	Yes	Yes	Yes	Yes
Industry	Yes	Yes	Yes	Yes
N	7476	6643	5689	2395
Adjust-R^2	0.312	0.274	0.335	0.367

注：括号内数值为 *t* 值，*、**、*** 分别表示在10%、5%、1%的水平上显著。

表4.4详尽报告了利用最小二乘法估计得到的金融发展结构对企业创新影响的结果，根据表4.4模型1的结果，金融发展结构的估计系数为0.137，且在1%的水平上显著，这意味着金融发展结构的改善显著促进企业专利申请总量的增加。从表4.4模型2的结果可知，金融发展结构的估计系数为0.241，且在1%的水平上显著，表明金融发展结构与企业发明专利申请量呈现显著的正相关关系，即金融发展结构的改善有利于提高企业发明专利申请量。由表4.4模型3的结果来看，金融发展结构的系数为0.153，且在1%的水平上显著，说明金融发展结构的改善对企业实用新型专利申请量的提高具有显著的正向效应。从表4.4模型4的结果可知，金融发展结构的回归系数为0.106，但不显著，表明金融发展结构的改善对企业外观设计专利申请量的提升没有显著的促进效应。综上所述，金融发展结构的改善显著促进企业专利申请总量、发明专利申请量、外观设计专利申请量的增加，即金融发展结构的改善显著促进企业创新。

表4.4　　　　　　　金融发展结构对企业创新的影响

变量	模型1	模型2	模型3	模型4
	ln*patent_apply*	ln*ipatent_apply*	ln*upatent_apply*	ln*dpatent_apply*
L1. Finstruct	0.137 ***	0.241 ***	0.153 ***	0.106
	(3.88)	(6.70)	(3.84)	(1.55)
L1. lnhuman	0.196 ***	0.201 ***	0.145 **	− 0.215 *
	(3.66)	(3.64)	(2.34)	(− 1.77)

变量	模型 1	模型 2	模型 3	模型 4
	ln*patent_apply*	ln*ipatent_apply*	ln*upatent_apply*	ln*dpatent_apply*
L1. ln*infrast*	0.063	0.034	0.111 **	0.317 ***
	(1.44)	(0.74)	(2.23)	(3.39)
L1. ln*economy*	−0.132 *	−0.016	−0.197 **	0.193
	(−1.83)	(−0.21)	(−2.50)	(1.36)
L1. ln*firmage*	0.013	0.014	−0.008	−0.075
	(0.24)	(0.25)	(−0.14)	(−0.73)
L1. *ROA*	3.854 ***	3.691 ***	3.599 ***	3.783 ***
	(11.72)	(10.84)	(9.80)	(6.31)
L1. *Marketpower*	1.175 ***	1.188 ***	0.192	2.024 ***
	(4.70)	(4.57)	(0.54)	(4.56)
L1. *Salegrowth*	−0.117 ***	−0.110 ***	−0.083 **	−0.180 **
	(−3.70)	(−3.35)	(−2.09)	(−1.99)
L1. *Tangibility*	1.142 ***	0.728 ***	0.940 ***	1.862 ***
	(5.59)	(3.44)	(4.08)	(4.04)
L1. *Leverage*	1.039 ***	1.258 ***	1.185 ***	0.777 ***
	(9.92)	(11.59)	(10.23)	(3.89)
L1. ln*product*	0.276 ***	0.233 ***	0.126 ***	0.278 ***
	(7.39)	(5.96)	(3.09)	(3.97)
L1. ln*fixasset*	−0.200 ***	−0.117 ***	−0.124 ***	−0.220 ***
	(−5.59)	(−3.15)	(−3.23)	(−3.25)
L1. *Cash_ratio*	0.290 ***	0.287 ***	0.400 ***	0.360 *
	(3.18)	(3.09)	(3.20)	(1.87)
L1. *HHI*	0.495	2.144 ***	1.496 **	1.822 *
	(0.82)	(3.43)	(2.34)	(1.79)
L1. *HHI_square*	−0.259	−1.297 ***	−1.127 **	−1.373 *
	(−0.54)	(−2.60)	(−2.20)	(−1.72)
_cons	−4.500 ***	−6.204 ***	−1.294	−5.080 **
	(−3.67)	(−4.18)	(−1.21)	(−2.49)

变量	模型 1	模型 2	模型 3	模型 4
	lnpatent_apply	lnipatent_apply	lnupatent_apply	lndpatent_apply
Year	Yes	Yes	Yes	Yes
Industry	Yes	Yes	Yes	Yes
N	7476	6643	5689	2395
Adjust-R^2	0.313	0.276	0.336	0.366

注：括号内数值为 t 值，*、**、*** 分别表示在 10%、5%、1% 的水平上显著。

表 4.5 报告了金融中介发展影响企业创新的具体估计结果。同样采用 OLS 进行回归估计，由表 4.5 模型 1 的估计结果可知，金融中介发展的回归系数为 0.159，且在 5% 的水平上显著，证明金融中介发展与企业专利申请总量具有显著的正相关关系，金融中介发展显著提升企业专利申请总量。根据表 4.5 模型 2 的估计结果可知，金融中介发展的回归系数为 0.223，且在 1% 的水平上显著，说明金融中介发展对企业发明专利申请量的提升具有显著的正向促进作用。从表 4.5 模型 3 可知，金融中介发展的回归系数为 0.123，且在 10% 的水平上显著，表明金融中介发展显著促进企业实用新型专利申请量的增加。由表 4.5 模型 4 的结果可知，金融中介发展的回归系数为 0.295，且在 5% 的水平上显著，证明金融中介发展显著促进企业外观设计专利申请量的提升。综上所述，金融中介发展对企业专利申请量的提升具有显著的促进作用，显著促进企业创新。

表 4.5　　　　　　　　金融中介发展对企业创新的影响

变量	模型 1	模型 2	模型 3	模型 4
	lnpatent_apply	lnipatent_apply	lnupatent_apply	lndpatent_apply
L1. Fininter	0.159 **	0.223 ***	0.123 *	0.295 **
	(2.57)	(3.50)	(1.75)	(2.40)
L1. lnhuman	0.236 ***	0.262 ***	0.192 ***	−0.141
	(4.33)	(4.64)	(3.04)	(−1.15)

变量	模型 1	模型 2	模型 3	模型 4
	ln*patent_apply*	ln*ipatent_apply*	ln*upatent_apply*	ln*dpatent_apply*
L1. ln*infrast*	0.054	0.001	0.081	0.347 ***
	(1.21)	(0.02)	(1.60)	(3.68)
L1. ln*economy*	−0.158 **	−0.044	−0.214 ***	0.112
	(−2.11)	(−0.58)	(−2.62)	(0.76)
L1. ln*firmage*	0.021	0.025	−0.005	−0.064
	(0.38)	(0.44)	(−0.08)	(−0.63)
L1. *ROA*	3.851 ***	3.687 ***	3.601 ***	3.746 ***
	(11.70)	(10.80)	(9.79)	(6.26)
L1. *Marketpower*	1.191 ***	1.214 ***	0.222	2.008 ***
	(4.76)	(4.66)	(0.63)	(4.53)
L1. *Salegrowth*	−0.117 ***	−0.109 ***	−0.082 **	−0.170 *
	(−3.68)	(−3.32)	(−2.06)	(−1.89)
L1. *Tangibility*	1.142 ***	0.737 ***	0.957 ***	1.866 ***
	(5.58)	(3.47)	(4.14)	(4.06)
L1. *Leverage*	1.047 ***	1.269 ***	1.199 ***	0.790 ***
	(9.98)	(11.67)	(10.34)	(3.96)
L1. ln*product*	0.278 ***	0.240 ***	0.130 ***	0.271 ***
	(7.43)	(6.11)	(3.19)	(3.87)
L1. ln*fixasset*	−0.202 ***	−0.125 ***	−0.129 ***	−0.219 ***
	(−5.65)	(−3.36)	(−3.35)	(−3.23)
L1. *Cash_ratio*	0.291 ***	0.290 ***	0.406 ***	0.359 *
	(3.20)	(3.10)	(3.24)	(1.87)
L1. *HHI*	0.436	2.043 ***	1.390 **	1.739 *
	(0.72)	(3.26)	(2.17)	(1.71)
L1. *HHI_square*	−0.201	−1.195 **	−1.026 **	−1.300
	(−0.42)	(−2.39)	(−2.01)	(−1.64)
_cons	−4.786 ***	−6.498 ***	−1.461	−5.769 ***
	(−3.86)	(−4.33)	(−1.33)	(−2.79)

续表

变量	模型 1	模型 2	模型 3	模型 4
	ln*patent_apply*	ln*ipatent_apply*	ln*upatent_apply*	ln*dpatent_apply*
Year	Yes	Yes	Yes	Yes
Industry	Yes	Yes	Yes	Yes
N	7476	6643	5689	2395
Adjust-R^2	0.312	0.272	0.335	0.367

注：括号内数值为 t 值，*、**、*** 分别表示在 10%、5%、1% 的水平上显著。

表 4.6 报告了资本市场发展对企业创新影响的估计结果。使用 OLS 进行估计，由表 4.6 模型 1 的估计结果可知，资本市场发展的估计系数为 0.045，且在 1% 的水平上显著，表明资本市场发展对企业专利申请总量的提升具有显著的正向影响。由表 4.6 模型 2 的估计结果可知，资本市场发展的估计系数为 0.086，且在 1% 的水平上显著，这意味着资本市场发展显著促进企业发明专利申请量的增加。由表 4.6 模型 3 的估计结果可知，资本市场发展的估计系数为 0.053，且在 1% 的水平上显著，说明资本市场发展对企业实用新型专利申请量的提升存在显著的促进作用。由表 4.6 模型 4 的估计结果可知，资产市场发展的估计系数为 0.059，且在 5% 的水平上显著，这表明资本市场发展与企业外观设计专利申请量显著正相关，即资本市场发展显著提升企业外观设计专利申请量。总之，资本市场发展显著提升企业专利申请量，显著促进企业创新。

表 4.6　　　　　　　资本市场发展对企业创新的影响

变量	模型 1	模型 2	模型 3	模型 4
	ln*patent_apply*	ln*ipatent_apply*	ln*upatent_apply*	ln*dpatent_apply*
L1. Capmarket	0.045 ***	0.086 ***	0.053 ***	0.059 **
	(3.23)	(6.00)	(3.38)	(2.13)
L1. lnhuman	0.197 ***	0.201 ***	0.150 **	− 0.222 *
	(3.68)	(3.62)	(2.42)	(− 1.83)

变量	模型 1	模型 2	模型 3	模型 4
	ln*patent_apply*	ln*ipatent_apply*	ln*upatent_apply*	ln*dpatent_apply*
L1. ln*infrast*	0.060	0.035	0.108 **	0.341 ***
	(1.36)	(0.76)	(2.15)	(3.61)
L1. ln*economy*	−0.124 *	−0.004	−0.191 **	0.192
	(−1.72)	(−0.06)	(−2.42)	(1.35)
L1. ln*firmage*	0.015	0.018	−0.007	0.075
	(0.28)	(0.32)	(−0.12)	(−0.73)
L1. *ROA*	3.853 ***	3.686 ***	3.599 ***	3.764 ***
	(11.71)	(10.82)	(9.79)	(6.28)
L1. *Marketpower*	1.189 ***	1.212 ***	0.213	2.032 ***
	(4.76)	(4.66)	(0.60)	(4.59)
L1. *Salegrowth*	−0.117 ***	−0.109 ***	−0.083 **	−0.176 *
	(−3.69)	(−3.32)	(−2.08)	(−1.95)
L1. *Tangibility*	1.146 ***	0.732 ***	0.950 ***	1.853 ***
	(5.60)	(3.45)	(4.12)	(4.03)
L1. *Leverage*	1.038 ***	1.254 ***	1.185 ***	0.774 ***
	(9.90)	(11.55)	(10.23)	(3.88)
L1. ln*product*	0.278 ***	0.237 ***	0.129 ***	0.278 ***
	(7.44)	(6.04)	(3.15)	(3.96)
L1. ln*fixasset*	−0.202 ***	−0.121 ***	−0.127 ***	−0.218 ***
	(−5.66)	(−3.24)	(−3.30)	(−3.22)
L1. *Cash_ratio*	0.290 ***	0.287 ***	0.401 ***	0.356 *
	(3.19)	(3.08)	(3.21)	(1.85)
L1. *HHI*	0.486	2.143 ***	1.483 **	1.865 *
	(0.80)	(3.43)	(2.32)	(1.83)
L1. *HHI_square*	−0.248	−1.291 ***	−1.112 **	−1.409 *
	(−0.51)	(−2.59)	(−2.17)	(−1.77)
_cons	−4.552 ***	−6.317 ***	−1.369	−5.257 **
	(−3.71)	(−4.25)	(−1.27)	(−2.57)

续表

变量	模型 1	模型 2	模型 3	模型 4
	ln*patent_apply*	ln*ipatent_apply*	ln*upatent_apply*	ln*dpatent_apply*
Year	Yes	Yes	Yes	Yes
Industry	Yes	Yes	Yes	Yes
N	7476	6643	5689	2395
Adjust-R²	0.312	0.275	0.336	0.367

注：括号内数值为 *t* 值，*、**、*** 分别表示在 10%、5%、1% 的水平上显著。

综上所述，从金融发展规模、金融发展结构、金融中介发展、资本市场发展对企业创新影响的回归结果来看，金融发展规模的扩大、金融发展结构的改善、金融中介发展、资本市场发展均显著提升企业专利申请量，对企业创新均具有显著的促进作用，因此，金融发展显著促进企业创新。

在控制变量方面，在此只讨论各个控制变量对企业专利申请总量的影响，综合表 4.3 ~ 表 4.6 的结果来看，人力资本水平的回归系数均显著为正，意味着提升地区人力资本水平可以促进企业创新；基础设施建设水平的回归系数均为正，但不显著，说明地区基础设施建设水平对企业创新不具有显著影响；经济发展水平的回归系数都显著为负，表明经济发展水平较高的地区，企业创新水平反而较低，这可能是由于地区经济发展水平还未达到一定的高度，从而不能促进企业创新；企业年龄的回归系数均为正，但不显著；企业盈利能力对企业专利申请总量影响均显著为正，说明盈利能力越强的企业，创新水平越高；企业市场势力的估计系数均显著为正，表明企业的市场势力越大，创新水平就越高；企业成长性的估计系数都显著为负，说明企业成长性与企业创新不存在显著的相关关系；企业资本运营模式的估计系数均显著为正，表明改善企业资本运营模式对企业创新具有正向作用；企业资本结构的系数都显著为正，表明资产负债率越高的企业，创新产出也越高；企业员工劳动生产率的回归系数均显著为正，意味着，提高企业员工劳动生产率有助于促进企业创新；企业资本密度的估计系数均显著为负，表明资本较密集的企业，创新水平较低；企业现金持有的回归系数均显著为正，说明现金越丰裕的企业，创新产出也越高；企业所在行业竞争程度的回归系数为正，其平方项回归系数为负，但都不显著，说明企业所在行业竞争程度对企业创新影响不显著。

4.4.2　稳健性检验

通过基准模型的回归结果，我们得到了金融发展促进企业创新的经验证据，金融发展规模、金融发展结构、金融中介发展、资本市场发展均显著提高企业专利申请量，金融发展对企业创新具有显著的正向影响。为保证基准模型估计结果的稳健性，后文将通过不同方式进行稳健性检验，包括替换被解释变量、对解释变量滞后处理、使用不同估计方法等方式。

4.4.2.1　替换被解释变量

企业创新的度量指标众多，企业专利授权量也是常用的测度企业创新的指标之一（Hirshleifer et al.，2012；Balsmeier et al.，2017），为了对金融发展与企业创新之间的关系进行稳健性检验，使用企业专利授权量替换被解释变量企业专利申请量，利用企业专利授权总量（ln$patent\_grant$）、企业发明专利授权量（ln$ipatent\_grant$）、企业实用新型专利授权量（ln$upatent\_grant$）、企业外观设计专利授权量（ln$dpatent\_grant$）的自然对数作为企业创新的代理变量。表4.7汇报了使用企业专利授权量替换被解释变量企业专利申请量之后的稳健性检验结果，表4.7A栏、B栏、C栏、D栏分别为金融发展规模、金融发展结构、金融中介发展、资本市场发展对企业专利授权量影响的估计结果。从表4.7各栏结果可知，除了金融发展结构对企业外观设计专利授权量的估计系数不显著外，其余核心解释变量的估计系数均显著为正，且系数大小与基准模型回归中的结果相差不大。由此可以证实，基准模型中金融发展对企业创新具有正向促进作用的结论是稳健的。

表 4.7 使用企业专利授权量替换被解释变量的稳健性检验结果

	A：以金融发展规模作为金融发展的代理指标			
变量	模型 1	模型 2	模型 3	模型 4
	lnpatent_grant	lnipatent_grant	lnupatent_grant	lndpatent_grant
L1. Finscale	0.061 ***	0.145 ***	0.045 **	0.088 **
	(2.89)	(5.99)	(1.97)	(2.14)
	B：以金融发展结构作为金融发展的代理指标			
变量	模型 1	模型 2	模型 3	模型 4
	lnpatent_grant	lnipatent_grant	lnupatent_grant	lndpatent_grant
L1. Finstruct	0.120 ***	0.230 ***	0.151 ***	0.104
	(3.32)	(5.98)	(3.81)	(1.52)
	C：以金融中介发展作为金融发展的代理指标			
变量	模型 1	模型 2	模型 3	模型 4
	lnpatent_grant	lnipatent_grant	lnupatent_grant	lndpatent_grant
L1. Fininter	0.198 ***	0.356 ***	0.121 *	0.295 **
	(3.10)	(5.01)	(1.72)	(2.40)
	D：以资本市场发展作为金融发展的代理指标			
变量	模型 1	模型 2	模型 3	模型 4
	lnpatent_grant	lnipatent_grant	lnupatent_grant	lndpatent_grant
L1. Capmarket	0.040 ***	0.090 ***	0.053 ***	0.058 **
	(2.74)	(5.84)	(3.35)	(2.11)

注：控制变量与基准模型一致，还控制了年份、行业固定效应；括号内数值为 t 值； * 、** 、*** 分别表示在 10% 、5% 、1% 的水平上显著。

4.4.2.2 解释变量滞后处理

由于企业创新存在一定时滞，前面在研究金融发展的创新效应时，已经对金融发展指标进行滞后一期处理，但一些学者认为，在分析企业创新的影响因素时，应该对企业创新的影响因素滞后两期或三期处理。因而，在分析金融发展对企业创新影响的稳健性时，对金融发展指标滞后两期和滞后三期处理，表 4.8 各栏分别汇报了滞后二期和滞后三期的各个金融发展指标对企业创新影响的回归结果，从结果中可以看出，除了金融发展结构对企业外观设计专利申请量影响的估计系数和金融中介发展对企业实用新型专利申请量影响的估计系数不显著外，其余核心解释变量的估计系数均显著为正，且系数大小与基准回归结果相差不大，这表明基准模型中金融发展显著促进企业创新的结论是稳健的。

表4.8　　　　　　　　解释变量滞后处理的稳健性检验结果

	A：金融发展规模滞后两期			
变量	模型1	模型2	模型3	模型4
	ln*patent_apply*	ln*ipatent_apply*	ln*upatent_apply*	ln*dpatent_apply*
L2. Finscale	0.056 ***	0.105 ***	0.041 *	0.098 **
	(2.70)	(4.93)	(1.78)	(2.36)
	B：金融发展规模滞后三期			
变量	模型1	模型2	模型3	模型4
	ln*patent_apply*	ln*ipatent_apply*	ln*upatent_apply*	ln*dpatent_apply*
L3. Finscale	0.059 **	0.111 ***	0.055 **	0.089 *
	(2.51)	(4.58)	(2.07)	(1.83)
	C：金融发展结构滞后两期			
变量	模型1	模型2	模型3	模型4
	ln*patent_apply*	ln*ipatent_apply*	ln*upatent_apply*	ln*dpatent_apply*
L2. Finstruct	0.082 **	0.172 ***	0.091 **	0.096
	(2.52)	(5.15)	(2.50)	(1.54)
	D：金融发展结构滞后三期			
变量	模型1	模型2	模型3	模型4
	ln*patent_apply*	ln*ipatent_apply*	ln*upatent_apply*	ln*dpatent_apply*
L3. Finstruct	0.078 **	0.150 ***	0.109 ***	0.099
	(2.27)	(4.25)	(2.80)	(1.47)
	E：金融中介发展滞后两期			
变量	模型1	模型2	模型3	模型4
	ln*patent_apply*	ln*ipatent_apply*	ln*upatent_apply*	ln*dpatent_apply*
L2. Fininter	0.146 **	0.208 ***	0.109	0.341 ***
	(2.38)	(3.28)	(1.56)	(2.78)

F：金融中介发展滞后三期			
变量	模型 1	模型 2	模型 3	模型 4
	ln*patent_apply*	ln*ipatent_apply*	ln*upatent_apply*	ln*dpatent_apply*
L3. Fininter	0.154 **	0.219 ***	0.138 *	0.286 **
	(2.26)	(3.12)	(1.79)	(2.08)

G：资本市场发展滞后两期			
变量	模型 1	模型 2	模型 3	模型 4
	ln*patent_apply*	ln*ipatent_apply*	ln*upatent_apply*	ln*dpatent_apply*
L2. Capmarket	0.027 **	0.065 ***	0.033 **	0.055 **
	(2.03)	(4.73)	(2.25)	(2.15)

H：资本市场发展滞后三期			
变量	模型 1	模型 2	模型 3	模型 4
	ln*patent_apply*	ln*ipatent_apply*	ln*upatent_apply*	ln*dpatent_apply*
L3. Capmarket	0.024 *	0.056 ***	0.039 **	0.056 **
	(1.70)	(3.83)	(2.46)	(2.01)

注：控制变量与基准模型一致，还控制了年份、行业固定效应；括号内数值为 *t* 值；*、**、*** 分别表示在 10%、5%、1% 的水平上显著。

4.4.2.3　使用不同估计方法

运用不同估计方法也是稳健性检验常用的方法之一，以往一些文献指出，采用企业专利申请量衡量的企业创新为计数变量，应该利用计数模型进行估计，因此，为确保基准模型估计结果的稳健性，分别使用负二项回归模型和泊松计数模型重新估计金融发展对企业创新的影响。表 4.9 报告了利用负二项回归模型和泊松计数模型估计金融发展对企业创新影响的结果，A 栏、B 栏、C 栏、D 栏为负二项回归模型的估计结果，E 栏、F 栏、G 栏、H 栏为泊松计数模型的估计结果。从表 4.9 各栏结果中可知，在使用负二项回归模型和泊松计数模型进行回归后，金融发展规模、金融发展结构、金融中介发展、资本市场发展的系数仍然为正，且均在 1% 的水平上显著，进一步表明金融发展对企业创新具有显著的正向促进作用,这意味着变换模型估计方法并不会改变基准模型的结论,基准模型的估计结果是可靠的。

表4.9　　　　　　使用不同估计方法的稳健性检验结果

变量	A:使用负二项回归模型估计(解释变量:金融发展规模)			
	模型1	模型2	模型3	模型4
	Patent_apply	Ipatent_apply	Upatent_apply	Dpatent_apply
L1. Finscale	0.271 ***	0.309 ***	0.205 ***	0.252 ***
	(14.71)	(14.68)	(8.43)	(5.57)

变量	B:使用负二项回归模型估计(解释变量:金融发展结构)			
	模型1	模型2	模型3	模型4
	Patent_apply	Ipatent_apply	Upatent_apply	Dpatent_apply
L1. Finstruct	0.544 ***	0.680 ***	0.402 ***	0.282 ***
	(14.91)	(16.06)	(8.67)	(3.34)

变量	C:使用负二项回归模型估计(解释变量:金融中介发展)			
	模型1	模型2	模型3	模型4
	Patent_apply	Ipatent_apply	Upatent_apply	Dpatent_apply
L1. Fininter	0.606 ***	0.637 ***	0.468 ***	0.891 ***
	(10.19)	(9.17)	(6.06)	(6.44)

变量	D:使用负二项回归模型估计(解释变量:资本市场发展)			
	模型1	模型2	模型3	模型4
	Patent_apply	Ipatent_apply	Upatent_apply	Dpatent_apply
L1. Capmarket	0.211 ***	0.258 ***	0.155 ***	0.123 ***
	(14.32)	(15.05)	(8.31)	(3.58)

变量	E:使用泊松计数模型估计(解释变量:金融发展规模)			
	模型1	模型2	模型3	模型4
	Patent_apply	Ipatent_apply	Upatent_apply	Dpatent_apply
L1. Finscale	0.412 ***	0.518 ***	0.322 ***	0.257 ***
	(199.34)	(173.32)	(98.65)	(40.02)

F：使用泊松计数模型估计（解释变量：金融发展结构）			
变量	模型 1	模型 2	模型 3	模型 4
	Patent_apply	*Ipatent_apply*	*Upatent_apply*	*Dpatent_apply*
L1. Finstruct	0.502 ***	0.592 ***	0.459 ***	0.208 ***
	(174.50)	(149.05)	(98.06)	(20.56)

变量	模型 1	模型 2	模型 3	模型 4
F：使用泊松计数模型估计（解释变量：金融发展结构）				
	Patent_apply	*Ipatent_apply*	*Upatent_apply*	*Dpatent_apply*
L1. Finstruct	0.502 ***	0.592 ***	0.459 ***	0.208 ***
	(174.50)	(149.05)	(98.06)	(20.56)
G：使用泊松计数模型估计（解释变量：金融中介发展）				
	Patent_apply	*Ipatent_apply*	*Upatent_apply*	*Dpatent_apply*
L1. Fininter	0.980 ***	1.200 ***	0.739 ***	0.925 ***
	(147.08)	(123.60)	(71.12)	(46.46)
H：使用泊松计数模型估计（解释变量：资本市场发展）				
	Patent_apply	*Ipatent_apply*	*Upatent_apply*	*Dpatent_apply*
L1. Capmarket	0.175 ***	0.163 ***	0.204 ***	0.073 ***
	(153.21)	(87.17)	(130.10)	(17.56)

注：控制变量与基准模型一致，还控制了年份、行业固定效应；括号内数值为 *z* 值；*、**、*** 分别表示在 10%、5%、1% 的水平上显著。

4.4.3　面板工具变量估计

前面的基准模型估计结果和稳健性检验结果表明金融发展对企业创新具有显著的促进作用，但估计结果可能由于内生性问题而存在偏误。一方面，虽然本章在基准模型中控制了一系列企业创新的影响因素，还控制了年份固定效应和行业固定效应，但是，基准模型仍可能遗漏相关变量，导致内生性问题的产生；另一方面，技术创新是一个国家经济发展的不竭动力，企业创新不断推动着国家经济增长，而经济增长对金融发展的巨大促进作用已被许多学者证实，所以，企业创新反过来会促进金融发展，这种反向因果关系也会导致内生性问题。对于基准模型存在的内生性问题，我们运用面板工具变量法进行处理，并采取两阶段最小二乘法估计，以避免估计结果存在偏误。

面板工具变量估计的首要问题是要选取有效的工具变量，而有效的工具变量应该满足两个条件，即相关性和外生性。所谓相关性，就是选取的工具变量要和内生解释变量相关，即 $\text{Cov}(z, x) \neq 0$；所谓外生性，就是选取的工具变量要与模型扰动项无关，即 $\text{Cov}(z, \varepsilon) = 0$。其中，$z$ 表示工具变量，x 代表内生解释变量，ε 为扰动项。基于这两个条件，借鉴相关文献构造工具变量的思路（Chong et al.，2013；张杰等，2017；张璇等，2017；李春涛等，2020），选取同年度各地区相邻省区市金融发展指标的均值作为工具变量[①]，即相邻省区市金融发展规模均值（*Mean_Finscale*）、相邻省区市金融发展结构均值（*Mean_Finstruct*）、相邻省区市金融中介发展均值（*Mean_Fininter*）、相邻省区市资本市场发展均值（*Mean_Capmarket*）。在基准模型回归中，将金融发展指标滞后一期处理，因此，工具变量也相应滞后一期。

此工具变量满足相关性和外生性两个约束条件，一方面，相邻的省区市地理位置邻近，资源禀赋、经济发展条件和水平存在一定的相似性，因而，金融发展程度、金融发展模式相近，满足相关性条件；另一方面，由于各地金融市场仍存在资本要素扭曲现象和其他一些制度性阻碍因素，企

① 北京相邻省市为天津和河北，天津相邻省市为北京和河北，河北相邻省区市为天津、北京、山西、河南、山东、内蒙古和辽宁，山西相邻省区为河南、河北、内蒙古、陕西，内蒙古相邻省区为甘肃、宁夏、陕西、山西、河北、辽宁、吉林和黑龙江，吉林相邻省区为辽宁、内蒙古和黑龙江，黑龙江相邻省区为内蒙古和吉林，上海相邻省份为江苏和浙江，江苏相邻省市为浙江、上海、安徽和山东，浙江相邻省市为福建、江西、安徽、江苏和上海，安徽相邻省份为江西、湖北、河南、江苏和浙江，福建相邻省份为广东、江西和浙江，江西相邻省份为福建、广东、湖南、湖北、安徽和浙江，山东相邻省份为河北、河南和江苏，河南相邻省份为河北、山西、陕西、湖北、安徽和山东，湖北相邻省份为河南、陕西、重庆、湖南、江西和安徽，湖南相邻省份为湖北、重庆、贵州、广西、广东和江西，广东相邻省份为福建、江西、湖南和广西，广西相邻省份为广东、湖南、贵州和云南，海南相邻省份为广西和广东，重庆相邻省份为湖北、陕西、四川、贵州和湖南，四川相邻省区市为陕西、甘肃、青海、西藏、云南、贵州和重庆，贵州相邻省区市为湖南、重庆、四川、云南和广西，云南相邻省区为广西、贵州、四川和西藏，西藏相邻省区为新疆、青海、四川和云南，陕西相邻省区市为河南、山西、内蒙古、宁夏、甘肃、四川、重庆和湖北，甘肃相邻省区为宁夏、内蒙古、新疆、青海、四川和陕西，青海相邻省区为甘肃、新疆、西藏和四川，宁夏相邻省区为陕西、内蒙古和甘肃，新疆相邻省区为甘肃、青海和西藏。

业跨省融资需要支付相关的交易成本和信息成本，企业融资具有地域分割性，也就是说相邻省区市的金融发展水平难以直接影响本地区企业的融资，而企业开展研发创新活动往往需要进行外部融资，因此，相邻省区市的金融发展程度无法直接对本地区企业创新产生影响，满足外生性条件。表 4.10 和表 4.11 详细汇报了金融发展规模、金融发展结构、金融中介发展和资本市场发展对企业创新影响的面板工具变量估计结果。从表 4.10、表 4.11 可知，Cragg-Donald Wald F 统计量分别为 11.09、13.78、7.75、13.23，只有金融中介发展对企业创新影响的面板工具变量估计小于 Stock-Yogo 弱工具变量检验的临界值，其余均大于 Stock-Yogo 弱工具变量检验的临界值，显著拒绝存在弱工具变量的原假设，表明模型不存在弱工具变量问题。表 4.10 模型 1 和模型 3、表 4.11 模型 1 和模型 3 表示第一阶段估计结果，从第一阶段结果中可知，各个工具变量的系数均显著，表明本地区金融发展水平与相邻省区市金融发展水平具有显著的相关关系，这与理论预期一致。表 4.10 模型 2 和模型 4、表 4.11 模型 2 和模型 4 表示第二阶段估计结果，从第二阶段结果中可知，金融发展规模的系数为 0.092，且在 1% 的水平上显著，表明金融发展规模的扩大对企业创新具有显著的正向影响；金融发展结构的系数为 0.168，且在 1% 的水平上显著，表明金融发展结构的改善对企业创新存在显著的促进作用；金融中介发展的系数为 0.109，但不显著，这意味着金融中介发展能够促进企业创新，但这种促进作用在统计意义上不显著；资本市场发展的系数为 0.060，且在 1% 的水平上显著，证明资本市场发展显著促进企业创新。综上所述，面板工具变量估计结果进一步表明，金融发展对企业创新具有显著的正向促进作用。

表 4.10　金融发展规模和结构对企业创新影响的面板工具变量估计

变量	模型 1	模型 2	模型 3	模型 4
	L1. Finscale	lnpatent_apply	L1. Finstruct	lnpatent_apply
	第一阶段	第二阶段	第一阶段	第二阶段
L1. Mean_Finscale	−0.330 *** (−19.62)			

变量	模型 1	模型 2	模型 3	模型 4
	L1. Finscale	lnpatent_apply	L1. Finstruct	lnpatent_apply
	第一阶段	第二阶段	第一阶段	第二阶段
L1. Finscale		0.092 ***		
		(2.79)		
L1. Mean_Finstruct			-0.822 ***	
			(-34.29)	
L1. Finstruct				0.168 ***
				(3.17)
L1. lnhuman	-0.024	0.207 ***	0.025 **	0.167 ***
	(-1.07)	(4.28)	(2.09)	(3.44)
L1. lninfrast	-1.098 ***	0.212 ***	-0.326 ***	0.199 ***
	(-58.10)	(4.61)	(-31.95)	(4.81)
L1. lneconomy	0.428 ***	0.222 ***	0.272 ***	0.280 ***
	(12.72)	(3.76)	(15.03)	(5.33)
L1. lnfirmage	-0.154 ***	0.022	-0.091 ***	0.032
	(-5.75)	(0.44)	(-6.27)	(0.63)
L1. ROA	-0.045	3.226 ***	0.010	3.187 ***
	(-0.43)	(9.70)	(0.18)	(9.59)
L1. Marketpower	-0.151	-0.014	-0.164 **	-0.034
	(-1.25)	(-0.07)	(-2.51)	(-0.17)
L1. Salegrowth	-0.002	-0.129 ***	-0.000	-0.127 ***
	(-1.27)	(-3.75)	(-0.36)	(-3.69)
L1. Tangibility	0.132	0.036	0.071	0.008
	(1.49)	(0.20)	(1.47)	(0.04)
L1. Leverage	0.049	1.605 ***	0.072 ***	1.577 ***
	(1.07)	(15.57)	(2.88)	(15.29)
L1. lnproduct	0.093 ***	0.269 ***	0.034 ***	0.271 ***
	(6.03)	(8.33)	(4.09)	(8.39)

续表

变量	模型 1	模型 2	模型 3	模型 4
	L1. Finscale	lnpatent_apply	L1. Finstruct	lnpatent_apply
	第一阶段	第二阶段	第一阶段	第二阶段
L1. lnfixasset	−0. 115 ***	−0. 299 ***	−0. 054 ***	−0. 297 ***
	(−7. 46)	(−9. 07)	(−6. 52)	(−9. 00)
L1. Cash_ratio	0. 049	0. 351 ***	0. 014	0. 338 ***
	(1. 45)	(3. 59)	(0. 74)	(3. 46)
L1. HHI	−0. 465	0. 994 ***	−0. 558 ***	0. 971 ***
	(−1. 54)	(4. 42)	(−3. 42)	(4. 32)
L1. HHI_square	0. 426 *	−0. 582 ***	0. 475 ***	−0. 568 ***
	(1. 73)	(−2. 76)	(3. 58)	(−2. 70)
_cons	12. 710 ***	−6. 539 ***	1. 664 ***	−6. 295 ***
	(21. 37)	(−9. 12)	(5. 20)	(−9. 13)
Year	Yes	Yes	Yes	Yes
Industry	Yes	Yes	Yes	Yes
N	7476	7476	7476	7476
F test	11. 09		13. 78	
	(0. 000)		(0. 000)	

注：括号内数值为 t 值或 z 值；*、**、*** 分别表示在 10%、5%、1% 的水平上显著。

表 4. 11　金融中介发展和资本市场发展对企业创新影响的面板工具变量估计

变量	模型 1	模型 2	模型 3	模型 4
	L1. Fininter	lnpatent_apply	L1. Capmarket	lnpatent_apply
	第一阶段	第二阶段	第一阶段	第二阶段
L1. Mean_Fininter	0. 082 ***			
	(5. 57)			
L1. Fininter		0. 109		
		(0. 94)		
L1. Mean_Capmarket			−0. 936 ***	
			(−36. 14)	

续表

变量	模型 1	模型 2	模型 3	模型 4
	L1. Fininter	lnpatent_apply	L1. Capmarket	lnpatent_apply
	第一阶段	第二阶段	第一阶段	第二阶段
L1. Capmarket				0.060 ***
				(2.79)
L1. lnhuman	−0.081 ***	0.214 ***	0.210 ***	0.171 ***
	(−10.71)	(3.94)	(7.14)	(3.54)
L1. lninfrast	−0.291 ***	0.151 ***	−1.036 ***	0.196 ***
	(−45.24)	(3.57)	(−41.01)	(4.62)
L1. lneconomy	0.240 ***	0.250 ***	0.565 ***	0.281 ***
	(21.17)	(3.43)	(12.66)	(5.34)
L1. lnfirmage	−0.065 ***	0.031	−0.281 ***	0.035
	(−7.18)	(0.60)	(−7.87)	(0.68)
L1. ROA	0.015	3.205 ***	0.028	3.195 ***
	(0.43)	(9.64)	(0.20)	(9.61)
L1. Marketpower	−0.009	0.010	−0.579 ***	−0.019
	(−0.23)	(0.05)	(−3.59)	(−0.09)
L1. Salegrowth	−0.001	−0.127 ***	−0.002	−0.126 ***
	(−1.11)	(−3.72)	(−0.66)	(−3.67)
L1. Tangibility	0.108 ***	0.013	0.244 **	0.013
	(3.59)	(0.07)	(2.06)	(0.07)
L1. Leverage	0.012	1.601 ***	0.244 ***	1.580 ***
	(0.74)	(15.50)	(3.98)	(15.31)
L1. lnproduct	0.027 ***	0.272 ***	0.058 ***	0.272 ***
	(5.17)	(8.42)	(2.82)	(8.42)
L1. lnfixasset	−0.047 ***	−0.301 ***	−0.125 ***	−0.299 ***
	(−8.93)	(−9.11)	(−6.06)	(−9.06)
L1. Cash_ratio	0.013	0.350 ***	0.041	0.340 ***
	(1.09)	(3.58)	(0.91)	(3.47)

变量	模型 1	模型 2	模型 3	模型 4
	L1. Fininter	lnpatent_apply	L1. Capmarket	lnpatent_apply
	第一阶段	第二阶段	第一阶段	第二阶段
L1. HHI	− 0. 148 (− 1. 45)	1. 022 *** (4. 55)	− 1. 164 *** (− 2. 89)	0. 985 *** (4. 38)
L1. HHI_square	0. 136 (1. 63)	− 0. 605 *** (− 2. 88)	1. 001 *** (3. 06)	− 0. 579 *** (− 2. 75)
_cons	3. 475 *** (17. 22)	− 6. 106 *** (− 8. 49)	5. 866 *** (7. 43)	− 6. 306 *** (− 9. 08)
Year	Yes	Yes	Yes	Yes
Industry	Yes	Yes	Yes	Yes
N	7476	7476	7476	7476
F test	7. 75 (0. 000)		13. 23 (0. 000)	

注：括号内数值为 t 值或 z 值；* 、** 、*** 分别表示在 10% 、5% 、1% 的水平上显著。

4.5　本章小结

本章基于 2007 ～ 2017 年沪深 A 股制造业上市公司数据和省级层面数据实证检验金融发展对企业创新的影响，发现金融发展规模的扩大、金融发展结构的改善、金融中介发展、资本市场发展均显著增加企业专利申请量，对企业创新均具有显著的促进作用，即金融发展显著促进企业创新，这与已有文献的研究结论相符。并且，本章通过替换被解释变量、对解释变量滞后处理以及使用不同估计方法等方式进行稳健性检验，证实基准模型中金融发展显著促进企业创新的结论是稳健的。另外，本章通过内生性处理，使用工具变量法对模型进行估计，进一步表明金融发展对企业创新水平的提升具有显著的正向促进作用。

第5章

金融发展对企业创新影响机制的实证分析：基于中介效应模型的检验

5.1 引　言

企业外部融资活动是企业经营管理中的重要一环，不论在企业初始创立阶段，还是在企业扩大生产经营规模阶段，始终扮演着重要角色，关系到企业经营的成败。由于金融发展的不平衡和金融市场的结构化矛盾，我国企业尤其是中小企业和民营企业进行外部融资时，普遍存在着"融资难"的问题，即面临着外部融资约束。对于整个国家的经济增长而言，融资约束问题已成为抑制我国产业结构升级和经济转型的关键因素之一。世界银行的数据表明，75% 的中国非金融类上市企业认为融资约束是阻碍其发展的主要因素（Claessens & Tzioumis，2006）。就企业外部融资方式而言，以债务融资为主的融资方式已无法满足经济新常态阶段的经济转型要求，新经济形态的培育和形成必须转变融资方式，发挥股权融资的独特作用。随着金融市场发展和金融市场体系日臻健全，股权市场服务实体经济的能力逐渐增强，股权融资已成为我国企业特别是民营企业和中小企业拓宽融资渠道的有效方式，以及企业投资和经营活动资金的重要来源。企业更多地以股权融资的方式募集投资活动所需资金，提升股权融资的比重，相应减少债务融资的比重，这不仅有利于降低企业杠杆率和经营风险，在缓解企业"融资难、融资贵"问题的同时，还能促进企业绩效增长。

在第 3 章中，我们从企业外部融资视角理论分析了金融发展对企业创新的影响机制，分析了金融发展如何通过企业融资约束机制和企业股权融资机制对企业创新产生影响，基于该分析，本章提出如下两个研究假说。

假说 5.1：金融发展通过降低企业融资约束，进而促进企业创新，企业融资约束在金融发展和企业创新关系中发挥着中介效应，即金融发展通过企业融资约束机制对企业创新产生促进作用。

假说 5.2：金融发展通过促进企业股权融资，进而提升企业创新水平，企业股权融资机制对企业创新产生促进作用。

本章将对以上两个研究假说进行验证，实证检验金融发展如何通过企业融资约束机制和企业股权融资机制对企业创新产生影响，分析企业融资约束和企业股权融资在金融发展与企业创新关系中的中介效应。本章剩余部分安排如下：第 5.2 节为企业融资约束机制实证检验，运用中介效应模型实证检验金融发展如何通过企业融资约束机制影响企业创新，并进一步分析企业融资约束机制，分析外部融资依赖对企业融资约束创新效应的影响，以及银行业竞争、企业融资约束和企业创新三者之间的关系；第 5.3 节为企业股权融资机制实证检验，运用中介效应模型实证检验金融发展如何通过企业股权融资机制对企业创新产生影响，并进一步分析企业股权融资机制，分析金融发展对不同程度创新依赖企业股权融资的影响，以及高科技属性对企业股权融资创新效应的影响；第 5.4 节为本章小结。

5.2 企业融资约束机制实证检验

5.2.1 模型设定与变量选取

5.2.1.1 模型设定

基于假说5.1，为了考察金融发展如何通过企业融资约束机制对企业创新产生影响，以及检验企业融资约束在金融发展与企业创新关系中的中介效应，本节借鉴巴伦和肯尼（Baron & Kenny，1986）、温忠麟和叶宝娟（2014）、李政和杨思莹（2018）、沈国兵和袁征宇（2020）的研究思路，以企业融资约束作为中介变量，运用中介效应模型进行实证检验，中介效应模型检验步骤如下所述。

第一步，以企业创新为被解释变量，金融发展为解释变量，检验金融发展对企业创新的影响，该步骤在第4章中已进行检验，并证实金融发展显著促进企业创新水平提升。

第二步，以企业融资约束为被解释变量，金融发展为解释变量，检验金融发展对企业融资约束的影响，设定回归模型如下所示：

$$SA\_index_{i,t} = \alpha_0 + \alpha_1 Finance_{i,t} + \theta\, Xcontrols_{i,t} + Industry + Year + \varepsilon_{i,t}$$

$$(5.1)$$

第三步，在金融发展对企业创新影响的模型中引入变量企业融资约束，检验企业融资约束对企业创新的影响，设定的回归模型如下所示：

$$Innovation_{i,t} = \beta_0 + \beta_1 Finance_{i,t-1} + \beta_2 SA\_index_{i,t-1} + \gamma Controls_{i,t-1}$$
$$+ Industry + Year + \varepsilon_{i,t} \qquad (5.2)$$

其中，i 代表企业，t 代表年份，SA_index 代表企业融资约束，$Finance$ 代表金融发展，$Innovation$ 代表企业创新。α_0、β_0 分别为式（5.1）和

式（5.2）的常数项，ε 表示随机扰动项。α_1 为式（5.1）中金融发展的系数，β_2 为式（5.2）中企业融资约束的系数，若系数 α_1、β_2 均显著，则证实企业融资约束中介效应存在，即金融发展通过企业融资约束机制对企业创新产生影响。$Xcontrols$ 为一系列影响企业融资约束的控制变量，$Controls$ 为一系列影响企业创新的控制变量，$Industry$、$Year$ 分别表示企业所属行业固定效应、年份固定效应，在回归模型中对这两种固定效应均进行控制。考虑到企业开展研发活动是一个漫长的过程，从研发投入到专利产出需要较长时间，导致解释变量和控制变量对企业创新的影响存在一定的时滞，因此，在第三步检验中，对解释变量和控制变量均进行滞后一期处理（虞义华等，2018）。

5.2.1.2　变量选取

（1）企业融资约束。

许多学者对企业融资约束的测度方法进行了研究，提出了不同的测度指标，最著名的测度指标主要有 SA 指数（Hadlock & Pierce，2010）、WW 指数（Whited & Wu，2006）和 KZ 指数（Kaplan & Zingales，1997）。KZ 指数由卡普兰和津加莱斯（Kaplan & Zingales，1997）首先提出，选择经营性净现金流比总资产、现金股利比总资产、现金持有量比总资产、资产负债率和托宾 Q 等变量构建而成，企业的 KZ 指数越大，表明企业面临的融资约束越严重。魏志华等（2014）、潘越等（2019）、陈和王（Chen & Wang，2012）、康等（Kang et al.，2017）均采用 KZ 指数衡量企业的融资约束程度。WW 指数由怀特德和吴（Whited & Wu，2006）提出，由经营活动现金净流量与总资产的比值、总资产的对数、长期负债与总资产的比值、现金股利支付虚拟变量、企业营业收入增长率和行业营业收入增长率等指标测算得出，WW 指数越大，表明企业面临的融资约束越大。KZ 指数和 WW 指数有个共同的缺陷，就是其测算所运用的部分变量具有内生性，测度结果可能存在偏误。一般来说，融资约束程度较高的企业，内部融资与外部融资的成本差异较大，企业的投资会更加依赖内部现金流，所以，有一些学者使用投资—现金流敏感性度量企业的融资约束程度（Beatty et al.，2010；姜付秀等，2019）。企业对于负债的利息支出在一定程度上能够反映企业所面临的融资约束，利息支出占总负债的比例越大，表明企业面临的融资成本越高，即企业面临的融资约束越大。因此，利息支出占比，即利息支出与总负债的比值也被用于衡量企业融资约束（江静，2014；余明桂等，2019；万佳彧等，2020）。SA 指数具有相对较强的外生性，在学术界被广泛应用（鞠晓生等，2013；肖曙光等，2019；王全景和温军，2019；万佳彧等，2020），因此，本章使用 SA 指数测度企业的融资约束程度，并参考哈德洛克和皮尔斯（Hadlock & Pierce，2010）的研究，运用以下公式进行计算：

$$SA\_index = -0.737 \times Size + 0.043 \times Size^2 - 0.04 \times Firmage \quad (5.3)$$

其中，$Size$ 表示企业规模，运用企业总资产的自然对数作为代理指标；$Firmage$ 表示企业年龄，根据企业成立时间计算所得。SA 指数越大，表示企业的融资约束程度越大。

（2）金融发展。

本章从宏观金融发展和金融市场发展两个维度衡量金融发展。在宏观金融发展维度，分别从金融发展规模（$Finscale$）和金融发展结构（$Finstruct$）两方面测度宏观金融发展，运用各省份金融机构存贷款余额之和与地区生产总值的比值衡量金融发展规模；使用各省份上市企业股票市值与金融机构贷款余额的比值测度金融发展结构。在金融市场发展维度，由于金融市场主要由金融中介市场和资本市场构成，我们分别从金融中介发展（$Fininter$）和资本市场发展（$Capmarket$）两方面测度金融市场发展，使用各省份金融机构贷款余额与地区生产总值的比值衡量金融中介发展；利用各省份上市企业股票市值与地区生产总值的比值度量资本市场发展。

（3）企业创新。

本章使用企业专利申请量的自然对数衡量企业创新，利用企业专利申请总量（ln*patent_apply*）、企业发明专利申请量（ln*ipatent_apply*）、企业实用新型专利申请量（ln*upatent_apply*）、企业外观设计专利申请量（ln*dpatent_apply*）的自然对数作为企业创新的代理指标。

（4）控制变量。

式（5.1）中 *Xcontrols* 为一系列影响企业融资约束的控制变量，参考相关文献的研究（魏志华等，2014；谢军和黄志忠，2014；陈工和陈明利，2016；罗子媛和靳玉英，2018），选取控制变量如下：①企业年龄（ln*firmage*），企业成立时间长短是影响企业融资约束大小的重要因素，我们根据企业成立时间计算企业年龄，并取其自然对数。②企业盈利能力（*ROA*），盈利能力是企业偿还债务能力的重要保障，盈利能力越强的企业，面临的融资约束就越低，运用企业总资产收益率作为企业盈利能力的代理变量，企业总资产收益率使用企业净利润与平均总资产的比值测度。③企业市场势力（*Marketpower*），企业市场势力代表企业在市场上的竞争力，金融机构和资本市场投资者倾向于给予那些竞争力强的企业更多的融资支持，所以，提升企业市场势力能够减轻企业融资约束，利用销售费用占营业收入的比重测度企业市场势力。④企业成长性（*Salegrowth*），企业是否具有发展机会是金融机构和资本市场投资者给予企业资金支持的重要判断依据，因而企业成长性对企业融资约束具有重要影响，运用企业营业收入增长率衡量企业成长性。⑤企业财务杠杆率（*Leverage*），企业财务杠杆率反映了企业获取债务融资的能力，但也代表企业所面临的财务风险，因此，财务杠杆率是企业面临的融资约束大小的重要影响因素，采用企业资产负债率作为企业财务杠杆率的代理变量，资产负债率为企业总负债与总资产的比值。⑥独立董事占比（*Ind_ratio*），独立董事比例越高，在某种程度上，越能提高企业决策的科学性，因此，提升独立董事比例有利于企业的长久发展，进而能够缓解企业面临的融资约束状况，独立董事占比使用企业独立董事人数与企业董事会人数的比值衡量。⑦企业资本密度（ln*fixasset*），企业资本密度代表企业的资本丰裕程度，企业资本越丰裕，就拥有越多的资本品用于融资抵押，因此，企业资本密度的提升有助于降低企业融资约束程度，使用人均固定资产净额衡量企业资本密度，并取其自然对数加以控制。⑧股权集中度（$Top10holder$），企业股权的集中程度对企业的战略决策和未来发展会产生一定影响，进而影响企业的融资约束，选取企业前十大股东持股比例衡量股权集中度。⑨产权性质（SOE），在资本要素市场扭曲背景下，银行等金融机构实施"所有制歧视"会对产权性质不同企业的融资产生影响，按照企业实际控制人属性，将企业样本划分为国有企业和非国有企业两种类型，国有企业用 1 表示，非国有企业用 0 表示。

式（5.2）中 $Controls$ 为一系列影响企业创新的控制变量，包括地区层面控制变量和企业层面控制变量。地区层面控制变量包括人力资本水平（lnhuman）、基础设施建设水平（lninfrast）和经济发展水平（lneconomy）；企业层面控制变量包括企业年龄（lnfirmage）、企业盈利能力（ROA）、企业市场势力（$Marketpower$）、企业成长性（$Salegrowth$）、企业资本运营模式（$Tangibility$）、企业资本结构（$Leverage$）、企业员工劳动生产率（lnproduct）、企业资本密度（lnfixasset）、企业现金持有（$Cash\_ratio$）和企业所在行业竞争程度（HHI）及其平方项（HHI_square）。

5.2.2 实证结果与分析

5.2.2.1 金融发展对企业融资约束的影响

（1）基准模型回归结果。

要考察金融发展如何通过企业融资约束机制对企业创新产生影响，首先需要检验金融发展对企业融资约束的影响，即对式（5.1）进行回归。表5.1 汇报了金融发展对企业融资约束影响的回归结果，我们使用最小二乘法进行估计，模型1、模型2、模型3、模型4分别列出了金融发展规模、金融发展结构、金融中介发展、资本市场发展对企业融资约束影响的估计结果。在宏观金融发展层面，由表5.1 模型 1 估计结果可知，金融发展规模的估计系数为 -0.017，且在 1% 的水平上显著，表明金融发展规模与企业融资约束之间存在显著的负相关关系，即扩大金融发展规模有利于缓解企业融资约束；由表 5.1 模型 2 估计结果可知，金融发展结构的估计系数为 -0.05，且在 1% 的水平上显著，说明改善金融发展结构显著降低企业融资约束。在金融市场发展层面，根据表 5.1 模型 3 的回归结果，金融中介发展的回归系数为 -0.039，且在 1% 的水平上显著，证明金融中介发展与企业融资约束具有显著的负相关关系，即金融中介发展能够促进企业融资约束缓解；根据表 5.1 模型 4 的回归结果，资本市场发展的回归系数为 -0.019，且在 1% 的水平上显著，表明资本市场发展显著缓解了企业面临的融资约束。综上所述，金融发展规模、金融发展结构、金融中介发展、资本市场发展都显著降低企业融资约束，因此，可以证明金融发展对缓解企业融资约束具有显著的促进作用。

表 5.1　　　　　　　　金融发展对企业融资约束的影响

变量	模型 1	模型 2	模型 3	模型 4
	SA_index	SA_index	SA_index	SA_index
Finscale	-0.017 *** (-6.22)			
Finstruct		-0.050 *** (-7.61)		
Fininter			-0.039 *** (-4.81)	
Capmarket				-0.019 *** (-7.50)
lnfirmage	-0.661 *** (-53.27)	-0.663 *** (-53.42)	-0.662 *** (-53.24)	-0.664 *** (-53.45)
ROA	-0.341 *** (-12.51)	-0.339 *** (-12.45)	-0.341 *** (-12.49)	-0.340 *** (-12.46)
Marketpower	0.099 ** (2.28)	0.096 ** (2.22)	0.094 ** (2.18)	0.095 ** (2.20)

变量	模型 1	模型 2	模型 3	模型 4
	SA_index	*SA_index*	*SA_index*	*SA_index*
Salegrowth	−0.000	−0.000	−0.000	−0.000
	(−0.14)	(−0.15)	(−0.14)	(−0.14)
Leverage	−0.760 ***	−0.760 ***	−0.761 ***	−0.759 ***
	(−38.86)	(−38.91)	(−38.86)	(−38.87)
lnfixasset	−0.119 ***	−0.120 ***	−0.119 ***	−0.120 ***
	(−26.26)	(−26.44)	(−26.26)	(−26.39)
Top10holder	−0.478 ***	−0.479 ***	−0.480 ***	−0.479 ***
	(−19.64)	(−19.73)	(−19.71)	(−19.74)
Ind_ratio	0.200 ***	0.198 ***	0.200 ***	0.197 ***
	(4.82)	(4.77)	(4.82)	(4.76)
SOE	−0.143 ***	−0.141 ***	−0.145 ***	−0.140 ***
	(−17.43)	(−17.18)	(−17.70)	(−17.11)
_cons	1.580 ***	1.551 ***	1.591 ***	1.545 ***
	(9.30)	(9.15)	(9.35)	(9.11)
Year	Yes	Yes	Yes	Yes
Industry	Yes	Yes	Yes	Yes
N	12302	12302	12302	12302
Adjust-R²	0.604	0.605	0.604	0.605

注：括号内数值为 *t* 值；* 、** 、*** 分别表示在 10% 、5% 、1% 的水平上显著。

从表 5.1 模型 3 与模型 4 的回归结果中，我们发现金融中介发展的系数小于资本市场发展的系数，表明金融中介市场发展比资本市场发展更能缓解企业面临的融资约束，究其缘由，这与我国长期以来以银行业为主导的金融市场体系有关。虽然，近年来，企业在资本市场的融资规模有所提高，但与金融中介市场融资规模相比，我国企业依靠资本市场进行融资的规模依然偏小，因此，在很大程度上，这决定了以银行业为主的金融中介市场的发展比资本市场发展更能促进企业融资约束的降低。但是，从表 5.1 模型 1 与模型 2 的回归结果中，我们还发现金融发展结构的系数小于金融发展规模的系数，这意味着改善金融发展结构比扩大金融发展规模更有利于降低企业面临的融资约束。一方面，我国金融市场经过长期发展，规模效益有所递减，金融规模对融资约束缓解的促进作用变弱。另一方面，随着现代企业制度日臻健全，一些企业更倾向于在资本市场上进行直接融资，而金融市场结构的改善，即资本市场的相对发展，为企业在资本市场进行融资创造了更加便利的条件和提供了更多的资金，因此，对降低企业融资约束而言，金融市场结构的改善比金融市场规模的扩大弹性更大。

就控制变量而言，企业年龄的估计系数均为负，且在 1% 的水平上显著，这意味着年龄越大的企业所面临的融资约束越小。企业盈利能力的估计系数同样均在 1% 的水平上显著为负，表明盈利能力较强的企业面临的融资约束较低。企业市场势力的系数均为正，且在 10% 的水平上显著，证明企业市场势力越大，融资约束反而越大。企业成长性的估计系数为负，但不显著，说明企业成长性对企业融资约束没有显著影响。企业财务杠杆率的系数都在 1% 的水平上显著为负，意味着财务杠杆率较高的企业所面临的融资约束较小。企业资本密度的估计系数都为负，且在 1% 的水平上显著，表明提升企业资本密度显著降低了企业的融资约束。股权集中度的估计系数同样均在 1% 的水平上显著为负，证明股权集中度的提升显著促进企业融资约束的缓解。独立董事占比的系数均在 1% 的水平上显著为正，这意味着，独立董事占比越高，企业面临的融资约束越大。产权性质的估计系数均在 1% 的水平上显著为负，表明国有企业面临的融资约束较小，而非国有企业面临的融资约束较大，即非国有企业比国有企业面临更大的融资约束。这是由于银行等金融机构实施"所有制歧视"，以及非国有企业缺乏抵押品，这与众多学者的研究结论一致。

（2）稳健性检验。

在基准模型回归结果中，我们发现金融发展显著降低了企业面临的融资约束，为了证明这个结论的稳健性，接下来分别通过将各个金融发展变量滞后一期和滞后二期处理来进行稳健性检验。表 5.2 汇报了滞后一期和滞后二期的各个金融发展变量对企业融资约束影响的估计结果，从表中可知，不论是金融发展变量滞后一期处理，还是滞后二期处理，金融发展规模、金融发展结构、金融中介发展、资本市场发展对企业融资约束的估计系数均显著为正，均在1%的水平上显著，且系数大小与基准模型回归结果相差不大，由此可见，基准模型中金融发展显著缓解企业融资约束的结论是稳健的。

表5.2　　　　金融发展对企业融资约束影响的稳健性检验

	A：解释变量金融发展滞后一期			
变量	模型 1	模型 2	模型 3	模型 4
	SA_index	SA_index	SA_index	SA_index
L1. Finscale	-0.017 *** (-6.19)			
L1. Finstruct		-0.046 *** (-7.37)		
L1. Fininter			-0.041 *** (-5.00)	
L1. Capmarket				-0.018 *** (-7.17)

	B：解释变量金融发展滞后二期			
变量	模型 1	模型 2	模型 3	模型 4
	SA_index	SA_index	SA_index	SA_index
L2. Finscale	-0.018 *** (-5.98)			
L2. Finstruct		-0.043 *** (-6.66)		
L2. Fininter			-0.046 *** (-5.18)	
L2. Capmarket				-0.017 *** (-6.53)

注：控制变量与基准模型一致，还控制了年份、行业固定效应；括号内数值为 t 值；*、**、*** 分别表示在10%、5%、1%的水平上显著。

（3）内生性问题处理。

前面的基准模型回归结果和稳健性检验发现金融发展显著缓解企业面临的融资约束，但该结果可能由于内生性问题而存在偏误。内生性问题主要是两方面的原因导致的，一方面，虽然在基准模型中控制了一系列影响企业融资约束的变量，还控制了年份和行业固定效应，但仍可能遗漏相关重要变量，从而造成内生性问题。另一方面，企业融资约束的缓解将使得企业更易获得生产经营所需的资金，进而促进企业成长壮大，这将助推本地区产业发展和经济增长，而经济增长对金融发展具有巨大的促进作用，因此，企业融资约束反过来会影响金融发展，这种反向因果关系也会造成内生性问题。对于基准模型存在的内生性问题，将运用面板工具变量法进行处理，并采取两阶段最小二乘法进行估计，以得到金融发展对企业融资约束影响的一致性估计结果。

本章选取同年度各地区相邻省区市金融发展指标的均值作为工具变量，即相邻省区市金融发展规模均值（*Mean_Finscale*）、相邻省区市金融发展结构均值（*Mean_Finstruct*）、相邻省区市金融中介发展均值（*Mean_Fininter*）、相邻省区市资本市场发展均值（*Mean_Capmarket*）。在基准模型回归中，我们将金融发展指标滞后一期处理，因此，工具变量也相应滞后一期。

该工具变量满足相关性和外生性两个约束条件，一方面，相邻省区市的资源禀赋、经济发展条件和水平具有相似性，所以，金融发展程度、金融发展模式相近，满足相关性条件；另一方面，各地金融市场仍存在资本要素扭曲现象和其他一些制度性阻碍因素，企业跨省融资需要支付一定的交易成本和信息成本，企业融资具有地区分割性，因此，相邻省区市的金融发展状况不会直接对本地区企业的融资行为产生影响，进而无法直接影响本地区企业面临的融资约束，满足外生性条件。

表 5.3 汇报了金融发展对企业融资约束影响的面板工具变量估计结果。从表 5.3 可知，Cragg-Donald Wald F 统计量分别为 14.12、14.81、19.46、13.65，均大于 Stock-Yogo 弱工具变量检验的临界值，显著拒绝

存在弱工具变量的原假设，说明模型不存在弱工具变量问题。表5.3模型1、模型3、模型5和模型7表示第一阶段估计结果，从第一阶段结果中可知，各个工具变量的系数均显著，意味着本地区金融发展程度与相邻省区市金融发展程度存在显著的相关关系。表5.3模型2、模型4、模型6和模型8表示第二阶段估计结果，从第二阶段结果中可知，金融发展规模的系数为 − 0.035，且在1%的水平上显著，表明金融发展规模的扩大显著减轻企业融资约束；金融发展结构的系数为 − 0.060，且在1%的水平上显著，这意味着，金融发展结构的改善显著降低企业融资约束；金融中介发展的系数为 − 0.096，且在1%的水平上显著，证实金融中介发展对企业融资约束的缓解具有显著的促进作用；资本市场发展的系数为 − 0.024，且在1%的水平上显著，证明资本市场发展显著缓解企业面临的融资约束。综上所述，面板工具变量估计结果进一步表明金融发展显著缓解企业面临的融资约束。

表5.3　　　　金融发展对企业融资约束影响的面板工具变量估计

变量	模型1	模型2	模型3	模型4
	Finscale	*SA_index*	*Finstruct*	*SA_index*
	第一阶段	第二阶段	第一阶段	第二阶段
Mean_Finscale	0.337 *** (15.07)			
Finscale		− 0.035 *** (− 7.14)		
Mean_Finstruct			− 0.551 *** (− 20.29)	
Finstruct				− 0.060 *** (− 5.17)
Xcontrols	Yes	Yes	Yes	Yes
Year	Yes	Yes	Yes	Yes
Industry	Yes	Yes	Yes	Yes
N	12302	12302	12302	12302
F test	14.12 (0.000)		14.81 (0.000)	

变量	模型 5	模型 6	模型 7	模型 8
	Fininter	*SA_index*	*Capmarket*	*SA_index*
	第一阶段	第二阶段	第一阶段	第二阶段
Mean_Fininter	0. 722 *** (40. 57)			
Fininter		− 0. 096 *** (− 7. 40)		
Mean_Capmarket			− 0. 373 *** (− 12. 35)	
Capmarket				− 0. 024 *** (− 5. 13)
Xcontrols	Yes	Yes	Yes	Yes
Year	Yes	Yes	Yes	Yes
Industry	Yes	Yes	Yes	Yes
N	12302	12302	12302	12302
F test	19. 46 (0. 000)		13. 65 (0. 000)	

注：括号内数值为 t 值或 z 值；*、**、*** 分别表示在 10%、5%、1% 的水平上显著。

5.2.2.2　企业融资约束对企业创新的影响

（1）基准模型回归结果。

我们已经证实金融发展显著缓解企业融资约束，为了考察金融发展如何通过企业融资约束机制影响企业创新，验证企业融资约束中介效应是否存在，还需要检验企业融资约束对企业创新的影响，即对式（5.2）进行回归。表 5.4 详尽报告了企业融资约束对企业创新影响的估计结果，我们同样使用 OLS 进行估计，A 栏、B 栏、C 栏、D 栏分别为使用金融发展规模、金融发展结构、金融中介发展、资本市场发展作为金融发展的代理变量后企业融资约束对企业创新影响的回归结果，因篇幅所限，在此不报告各控制变量的结果。从各栏模型 1 的结果可知，企业融资约束

的系数分别为 −1.359、−1.354、−1.358、−1.357，且均在 1% 的水平上显著，表明缓解企业融资约束对企业专利申请总量的提升具有显著的促进作用。从各栏模型 2 的结果可知，企业融资约束的系数分别为 −1.338、−1.333、−1.344、−1.336，且均在 1% 的水平上显著，证明降低企业融资约束显著促进企业发明专利申请量的增加。从各栏模型 3 的结果可知，企业融资约束的系数分别为 −1.195、−1.184、−1.192、−1.187，且均在 1% 的水平上显著，表明缓解企业融资约束显著提升企业实用新型专利申请量。从各栏模型 4 的结果可知，企业融资约束的系数分别为 −1.081、−1.084、−1.079、−1.081，且均在 1% 的水平上显著，这意味着降低企业融资约束显著提升企业外观设计专利申请量。综上所述，缓解企业融资约束显著提升企业专利申请量，促进企业创新。

表 5.4　　　　　　　　　　企业融资约束对企业创新的影响

A：使用金融发展规模作为金融发展的代理变量			
变量	模型 1	模型 2	模型 3	模型 4
	ln$patent\_apply$	ln$ipatent\_apply$	ln$upatent\_apply$	ln$dpatent\_apply$
L1. SA_index	− 1.359 ***	− 1.338 ***	− 1.195 ***	− 1.081 ***
	（− 30.41）	（− 28.94）	（− 24.04）	（− 12.98）
L1. Finscale	0.009	0.057 ***	− 0.012	0.037
	（0.48）	（2.89）	（− 0.54）	（0.92）
Controls	Yes	Yes	Yes	Yes
Year	Yes	Yes	Yes	Yes
Industry	Yes	Yes	Yes	Yes
N	7476	6643	5689	2395
Adjust-R^2	0.391	0.359	0.400	0.413

B：使用金融发展结构作为金融发展的代理变量			
变量	模型 1	模型 2	模型 3	模型 4
	ln$patent\_apply$	ln$ipatent\_apply$	ln$upatent\_apply$	ln$dpatent\_apply$
L1. SA_index	− 1.354 ***	− 1.333 ***	− 1.184 ***	− 1.084 ***
	（− 30.35）	（− 28.93）	（− 23.85）	（− 13.06）

续表

B：使用金融发展结构作为金融发展的代理变量			
变量	模型 1	模型 2	模型 3	模型 4
	ln*patent_apply*	ln*ipatent_apply*	ln*upatent_apply*	ln*dpatent_apply*
L1. *Finstruct*	0.060 *	0.171 ***	0.059	0.045
	(1.81)	(5.04)	(1.56)	(0.68)
Controls	Yes	Yes	Yes	Yes
Year	Yes	Yes	Yes	Yes
Industry	Yes	Yes	Yes	Yes
N	7476	6643	5689	2395
Adjust-R^2	0.391	0.361	0.400	0.413

C：使用金融中介发展作为金融发展的代理变量			
变量	模型 1	模型 2	模型 3	模型 4
	ln*patent_apply*	ln*ipatent_apply*	ln*upatent_apply*	ln*dpatent_apply*
L1. *SA_index*	− 1.358 ***	− 1.344 ***	− 1.192 ***	− 1.079 ***
	(− 30.45)	(− 29.12)	(− 24.06)	(− 12.98)
L1. *Fininter*	0.042	0.099	− 0.000	0.160
	(0.72)	(1.64)	(− 0.00)	(1.35)
Controls	Yes	Yes	Yes	Yes
Year	Yes	Yes	Yes	Yes
Industry	Yes	Yes	Yes	Yes
N	7476	6643	5689	2395
Adjust-R^2	0.391	0.359	0.400	0.413

D：使用资产市场发展作为金融发展的代理变量			
变量	模型 1	模型 2	模型 3	模型 4
	ln*patent_apply*	ln*ipatent_apply*	ln*upatent_apply*	ln*dpatent_apply*
L1. *SA_index*	− 1.357 ***	− 1.336 ***	− 1.187 ***	− 1.081 ***
	(− 30.40)	(− 28.97)	(− 23.89)	(− 13.01)
L1. *Capmarket*	0.015	0.059 ***	0.016	0.031
	(1.16)	(4.34)	(1.05)	(1.16)

续表

变量	模型 1	模型 2	模型 3	模型 4
	D：使用资产市场发展作为金融发展的代理变量			
	ln*patent_apply*	ln*ipatent_apply*	ln*upatent_apply*	ln*dpatent_apply*
Controls	Yes	Yes	Yes	Yes
Year	Yes	Yes	Yes	Yes
Industry	Yes	Yes	Yes	Yes
N	7476	6643	5689	2395
Adjust-R^2	0.391	0.360	0.400	0.413

注：括号内数值为 *t* 值；*、**、*** 分别表示在 10%、5%、1% 的水平上显著。

（2）稳健性检验。

在基准模型回归中，我们得出企业融资约束的缓解显著促进企业创新的结论，为了证明这个结论的稳健性，分别通过将被解释变量企业专利申请量替换为企业专利授权量、将解释变量企业融资约束滞后二期和滞后三期、使用不同估计方法的方式进行稳健性检验。表 5.5 汇报了企业融资约束对企业创新影响的稳健性检验结果。A 栏为将被解释变量企业专利申请量替换为企业专利授权量后企业融资约束对企业创新影响的估计结果，从各模型结果可知，企业融资约束的系数均为负，且均在 1% 的水平上显著，表明基准模型中缓解企业融资约束显著促进企业创新的结论是稳健的。B 栏、C 栏分别为企业融资约束滞后二期、三期对企业创新影响的估计结果，从各模型结果可知，不论是企业融资约束滞后二期还是三期，企业融资约束的系数均显著为负，表明企业融资约束的缓解显著促进企业创新。D 栏、E 栏分别为使用负二项回归模型、泊松计数模型估计的企业融资约束对企业创新影响的结果，从各模型结果可知，企业金融约束的系数均为负，且都在 1% 的水平上显著，进一步表明基准模型中缓解企业融资约束对企业创新具有显著的促进作用的结论是稳健的。

表 5.5　　　　　　　企业融资约束对企业创新影响的稳健性检验

变量	A：使用企业专利授权量替换被解释变量			
	模型 1	模型 2	模型 3	模型 4
	ln*patent_grant*	ln*patent_grant*	ln*patent_grant*	ln*patent_grant*
L1. *SA_index*	− 1. 258 ***	− 1. 255 ***	− 1. 255 ***	− 1. 257 ***
	(− 27. 17)	(− 27. 14)	(− 27. 17)	(− 27. 19)
L1. *Finscale*	0. 008			
	(0. 37)			
L1. *Finstruct*		0. 039		
		(1. 14)		
L1. *Fininter*			0. 076	
			(1. 26)	
L1. *Capmarket*				0. 008
				(0. 56)
变量	**B：解释变量企业融资约束滞后二期**			
	模型 1	模型 2	模型 3	模型 4
	ln*patent_apply*	ln*patent_apply*	ln*patent_apply*	ln*patent_apply*
L2. *SA_index*	− 1. 313 ***	− 1. 310 ***	− 1. 313 ***	− 1. 312 ***
	(− 30. 23)	(− 30. 17)	(− 30. 26)	(− 30. 21)
L1. *Finscale*	0. 013			
	(0. 66)			
L1. *Finstruct*		0. 068 **		
		(2. 04)		
L1. *Fininter*			0. 048	
			(0. 82)	
L1. *Capmarket*				0. 017
				(1. 30)
变量	**C：解释变量企业融资约束滞后三期**			
	模型 1	模型 2	模型 3	模型 4
	ln*patent_apply*	ln*patent_apply*	ln*patent_apply*	ln*patent_apply*
L3. *SA_index*	− 1. 357 ***	− 1. 353 ***	− 1. 356 ***	− 1. 355 ***
	(− 28. 17)	(− 28. 15)	(− 28. 18)	(− 28. 17)

C：解释变量企业融资约束滞后三期

变量	模型 1	模型 2	模型 3	模型 4
	lnpatent_apply	lnpatent_apply	lnpatent_apply	lnpatent_apply
L1. Finscale	0.009			
	(0.45)			
L1. Finstruct		0.058		
		(1.56)		
L1. Fininter			0.048	
			(0.75)	
L1. Capmarket				0.015
				(1.02)

D：使用负二项回归模型估计

变量	模型 1	模型 2	模型 3	模型 4
	Patent_apply	Patent_apply	Patent_apply	Patent_apply
L1. SA_index	− 1.549 ***	− 1.543 ***	− 1.553 ***	− 1.545 ***
	(− 39.52)	(− 39.34)	(− 39.74)	(− 39.39)
L1. Finscale	0.030 *			
	(1.72)			
L1. Finstruct		0.091 ***		
		(3.00)		
L1. Fininter			0.040	
			(0.75)	
L1. Capmarket				0.029 **
				(2.37)

E：使用泊松计数模型估计

变量	模型 1	模型 2	模型 3	模型 4
	Patent_apply	Patent_apply	Patent_apply	Patent_apply
L1. SA_index	− 2.688 ***	− 2.710 ***	− 2.749 ***	− 2.716 ***
	(− 395.93)	(− 399.39)	(− 407.41)	(− 400.65)
L1. Finscale	0.301 ***			
	(110.29)			

续表

E：使用泊松计数模型估计

变量	模型 1	模型 2	模型 3	模型 4
	Patent_apply	*Patent_apply*	*Patent_apply*	*Patent_apply*
L1. *Finstruct*		0.394 ***		
		（99.01）		
L1. *Fininter*			0.748 ***	
			（86.65）	
L1. *Capmarket*				0.153 ***
				（99.30）

注：控制变量与基准模型一致，还控制了年份、行业固定效应；括号内数值为 t 值或 z 值；*、**、*** 分别表示在10%、5%、1%的水平上显著。

（3）面板工具变量估计。

要得到企业融资约束对企业创新影响的一致性估计结果，必须处理好基准模型可能存在的内生性问题。一方面，虽然我们在基准模型中控制了一系列影响企业创新的因素，还控制了年份固定效应和行业固定效应，但基准模型仍可能遗漏相关变量，这些变量可能同时对企业融资约束和企业创新产生影响，导致内生性问题的产生；另一方面，企业进行技术创新，其市场竞争力会显著提升，将助推企业发展，企业会拥有更多资产和抵押品，企业的偿债能力也会提升，结果是企业面临的融资约束得到缓解，而创新水平的提升有利于企业增强市场竞争力，进而提升营业收入和利润率，企业盈利能力的提高在一定程度上能够促进企业融资约束的缓解，因此，企业创新水平的提升反过来会降低企业融资约束，也就是说，企业融资约束与企业创新存在反向因果关系，这种反向因果关系会造成内生性问题。对于基准模型存在的内生性问题，我们运用面板工具变量法进行处理，并采取两阶段最小二乘法估计，从而得到企业融资约束对企业创新影响的一致性估计结果。

有效的工具变量应该满足两个条件，即相关性和外生性。基于这两个约束性条件，借鉴周凤秀和张建华（2017）的研究，选取企业流动性比率（*Current_ratio*）的滞后项作为工具变量，流动性比率的计算公式为流动资产与流动负债之比。由于前期的流动性比率会影响当期企业面临的融资约束，而前期的流动性比率难以对当期企业创新水平造成影响，满足工具变量的相关性和外生性要求。此外，还选择企业融资约束的滞后项作为工具变量，因为前期企业面临的融资约束会对当期企业融资约束造成影响，而前期企业融资约束与当期企业创新产出关系较小。在基准模型回归中，我们已经将企业融资约束滞后一期处理，因此，选取滞后二期的企业流动性比率和企业融资约束作为工具变量。

表 5.6 汇报了企业融资约束对企业创新影响的面板工具变量回归结果。从表 5.6 中可知，Cragg-Donald Wald F 统计量分别为 477.38、480.44、479.29、479.57，明显大于弱工具变量检验的临界值，显著拒绝存在弱工具变量的原假设，说明模型不存在弱工具变量问题。表 5.6 模型 1、模型 3、模型 5、模型 7 表示第一阶段估计结果，从第一阶段结果中可知，工具变量滞后二期的企业流动性比率和滞后二期的企业融资约束的系数均为正，且均在 1% 的水平上显著，表明前期的企业流动性比率和前期的企业融资约束均与当期的企业融资约束存在显著的正相关关系。表 5.6 模型 2、模型 4、模型 6、模型 8 表示第二阶段估计结果，从第二阶段结果中可知，企业融资约束对企业专利申请总量的系数分别为 −1.447、−1.441、−1.446、−1.444，且均在 1% 的水平上显著，表明企业融资约束缓解显著促进企业专利申请总量增加，因此，面板工具变量估计结果进一步表明企业融资约束的缓解对企业创新水平的提升存在显著的正向影响。

表 5.6   企业融资约束对企业创新影响的面板工具变量估计结果

变量	模型 1	模型 2	模型 3	模型 4
	L1. SA_index	lnpatent_apply	L1. SA_index	lnpatent_apply
	第一阶段	第二阶段	第一阶段	第二阶段
L2. Current_ratio	0.001 *** (5.99)		0.001 *** (6.03)	

续表

变量	模型 1	模型 2	模型 3	模型 4
	L1. SA_index	lnpatent_apply	L1. SA_index	lnpatent_apply
	第一阶段	第二阶段	第一阶段	第二阶段
L2. SA_index	0. 946 *** (359. 93)		0. 946 *** (359. 80)	
L1. SA_index		− 1. 447 *** (− 33. 14)		− 1. 441 *** (− 33. 09)
L1. Finscale	− 0. 003 ** (− 2. 20)	− 0. 009 (− 0. 49)		
L1. Finstruct			− 0. 006 *** (− 2. 71)	0. 040 (1. 29)
Controls	Yes	Yes	Yes	Yes
Industry	Yes	Yes	Yes	Yes
Year	Yes	Yes	Yes	Yes
N	7469	7469	7469	7469
F test	477. 38 (0. 000)		480. 44 (0. 000)	

变量	模型 5	模型 6	模型 7	模型 8
	L1. SA_index	lnpatent_apply	L1. SA_index	lnpatent_apply
	第一阶段	第二阶段	第一阶段	第二阶段
L2. Current_ratio	0. 001 *** (5. 93)		0. 001 *** (5. 99)	
L2. SA_index	0. 946 *** (360. 10)		0. 946 *** (359. 64)	
L1. SA_index		− 1. 446 *** (− 33. 19)		− 1. 444 *** (− 33. 14)
L1. Fininter	− 0. 004 (− 1. 08)	− 0. 018 (− 0. 32)		
L1. Capmarket			− 0. 002 ** (− 2. 04)	0. 005 (0. 39)

续表

变量	模型 5	模型 6	模型 7	模型 8
	L1. SA_index	lnpatent_apply	L1. SA_index	lnpatent_apply
	第一阶段	第二阶段	第一阶段	第二阶段
Controls	Yes	Yes	Yes	Yes
Industry	Yes	Yes	Yes	Yes
Year	Yes	Yes	Yes	Yes
N	7469	7469	7469	7469
F test	479. 29 (0. 000)		479. 57 (0. 000)	

注：括号内数值为 t 值或 z 值；＊、＊＊、＊＊＊分别表示在10%、5%、1%的水平上显著。

综上所述，我们通过实证分析，发现金融发展显著促进企业融资约束的缓解，以及企业融资约束的缓解对企业创新具有显著的促进作用，即式（5.1）中金融发展的系数、式（5.2）中企业融资约束的系数均显著，这证实企业融资约束中介效应存在，金融发展通过缓解企业融资约束进而促进企业创新，也就是说，金融发展通过企业融资约束机制对企业创新产生促进作用，这证明假说5.1是正确的。

5.2.2.3　企业融资约束机制贡献度分析

接下来，我们来分析企业融资约束机制对金融发展和企业创新关系的贡献度。从金融发展规模作为金融发展代理指标的角度分析，表5.1模型1显示金融发展规模的估计系数为 − 0.017，表5.4A栏模型1显示企业融资约束的估计系数为 − 1.359，进而我们可以计算出金融发展规模通过企业融资约束机制对企业创新产生影响的系数为（ − 0.017）×（ − 1.359）= 0.023103，表4.3模型1显示金融发展规模对企业创新影响的总系数为0.059，0.023103/0.059 ≈ 39.16%，因此，企业融资约束机制对金融发展规模和企业创新关系的贡献度为39.16%。

从金融发展结构作为金融发展代理指标的角度分析，表5.1模型2显示金融发展结构的估计系数为 − 0.05，表5.4B栏模型1显示企业融资约

束的估计系数为 - 1.354，进而我们可以计算出金融发展结构通过企业融资约束机制对企业创新产生影响的系数为 （ - 0.05）×（ - 1.354）= 0.0677，表4.4模型1显示金融发展结构对企业创新影响的总系数为 0.137，0.0677/0.137≈49.42%，因此，企业融资约束机制对金融发展结构和企业创新关系的贡献度为49.42%。

从金融中介发展作为金融发展代理指标的角度分析，表5.1模型3显示金融中介发展的估计系数为 - 0.039，表5.4C栏模型1显示企业融资约束的估计系数为 - 1.358，进而我们可以计算出金融中介发展通过企业融资约束机制对企业创新产生影响的系数为 （ - 0.039）×（ - 1.358）= 0.052962，表4.5模型1显示金融中介发展对企业创新影响的总系数为 0.159，0.052962/0.159≈33.31%，因此，企业融资约束机制对金融中介发展和企业创新关系的贡献度为33.31%。

从资本市场发展作为金融发展代理指标的角度分析，表5.1模型4显示资本市场发展的估计系数为 - 0.019，表5.4D栏模型1显示企业融资约束的估计系数为 - 1.357，进而我们可以计算出资本市场发展通过企业融资约束机制对企业创新产生影响的系数为 （ - 0.019）×（ - 1.357）= 0.025783，表4.6模型1显示资本市场发展对企业创新影响的总系数为 0.045，0.025783/0.045≈57.30%，因此，企业融资约束机制对资本市场发展和企业创新关系的贡献度为57.30%。

综上所述，企业融资约束机制对金融发展和企业创新关系的贡献度至少超过33%，介于33.31% ~57.30%。

5.2.3　企业融资约束机制的进一步分析

5.2.3.1　外部融资依赖与企业融资约束

面临融资约束的企业，难以获得足够的资金而无法开展新项目投资等生产经营活动，这将对企业发展产生重要影响，尤其是对于那些外部融资依赖性较强的企业。研发创新活动作为企业生产经营的重要方面，外部融资依赖可能会对企业融资约束的创新效应产生影响，企业融资约束可能对不同程度外部融资依赖企业创新存在影响差异。在接下来的部分中，我们将研究这个问题。首先，我们借鉴相关文献的研究（Rajan & Zingales，1998；刘端等，2019），利用资本支出与经营性现金流量净额之差占资本支出的比重测度企业外部融资依赖度，其中，资本支出利用购建固定资产、无形资产和其他长期资产所支付的现金来度量。我们计算出各个企业的外部融资依赖度后，以企业外部融资依赖度是否超过年度行业中位数为标准，将企业样本划分为高外部融资依赖企业和低外部融资依赖企业两种类型，设置高外部融资依赖企业类别变量（*Highexfin*），在企业融资约束影响企业创新的模型中引入高外部融资依赖企业类别变量，以及高外部融资依赖企业类别变量与企业融资约束的交互项，通过考察企业融资约束对不同程度外部融资依赖企业创新的影响，分析外部融资依赖对企业融资约束创新效应的影响。

表5.7报告了企业融资约束对不同程度外部融资依赖企业创新影响的回归结果。从模型2的结果可知，高外部融资依赖企业类别变量与企业融资约束的交互项系数显著为正，表明与高外部融资依赖企业对比，融资约束缓解对低外部融资依赖企业发明专利申请量提升的促进效应更加明显，在模型1、模型3、模型4中，虽然交互项系数不显著，但为正。由于发明专利在企业三种专利类别中最能体现企业的创新能力，实证结果足以表明企业融资约束缓解对低外部融资依赖企业创新的正向促进作用更加显著，也意味着在金融发展促进企业创新的过程中，企业融资约束机制在低外部融资依赖企业中更能发挥作用。究其原因，可能是因为低外部融资依赖企业本身能够依靠内部融资解决研发创新活动的部分资金需求，在外部融资约束降低的情境下，通过发挥内外部融资的双重作用，低外部融资依赖企业能够筹集到足额的资金用于研发创新活动，保障研发创新活动持续进行，进而更有利于提升低外部融资依赖企业的创新绩效。

表 5.7　　企业融资约束对不同程度外部融资依赖企业创新的影响

变量	模型 1	模型 2	模型 3	模型 4
	ln*patent_apply*	ln*ipatent_apply*	ln*upatent_apply*	ln*dpatent_apply*
L1. *SA_index*	− 1. 389 ***	− 1. 396 ***	− 1. 197 ***	− 1. 150 ***
	(− 27. 88)	(− 27. 21)	(− 21. 87)	(− 12. 38)
L1. *Highexfin*	0. 171	0. 252 *	0. 035	0. 410
	(1. 24)	(1. 77)	(0. 24)	(1. 64)
L1. *Highexfin* × *SA_index*	0. 067	0. 110 **	0. 011	0. 108
	(1. 29)	(2. 05)	(0. 19)	(1. 17)
L1. ln*human*	0. 193 ***	0. 214 ***	0. 174 ***	− 0. 214 *
	(3. 83)	(4. 11)	(2. 96)	(− 1. 84)
L1. ln*infrast*	0. 021	− 0. 047	0. 056	0. 249 ***
	(0. 52)	(− 1. 15)	(1. 24)	(2. 91)
L1. ln*economy*	− 0. 077	0. 055	− 0. 132 *	0. 208
	(− 1. 14)	(0. 79)	(− 1. 76)	(1. 52)
L1. ln*firmage*	− 0. 932 ***	− 0. 934 ***	− 0. 849 ***	− 0. 792 ***
	(− 15. 71)	(− 15. 15)	(− 12. 98)	(− 7. 04)
L1. *ROA*	1. 957 ***	1. 828 ***	2. 046 ***	1. 945 ***
	(6. 13)	(5. 54)	(5. 70)	(3. 23)
L1. *Marketpower*	1. 530 ***	1. 626 ***	0. 621 *	2. 421 ***
	(6. 49)	(6. 62)	(1. 85)	(5. 67)
L1. *Salegrowth*	− 0. 076 **	− 0. 075 **	− 0. 051	− 0. 098
	(− 2. 52)	(− 2. 41)	(− 1. 34)	(− 1. 12)
L1. *Tangibility*	1. 548 ***	1. 079 ***	1. 353 ***	2. 311 ***
	(7. 93)	(5. 33)	(6. 09)	(5. 16)
L1. *Leverage*	− 0. 322 ***	− 0. 099	− 0. 044	− 0. 448 **
	(− 2. 97)	(− 0. 88)	(− 0. 36)	(− 2. 10)
L1. ln*product*	0. 159 ***	0. 119 ***	0. 042	0. 185 ***
	(4. 48)	(3. 18)	(1. 07)	(2. 70)
L1. ln*fixasset*	− 0. 330 ***	− 0. 254 ***	− 0. 249 ***	− 0. 341 ***
	(− 9. 70)	(− 7. 16)	(− 6. 73)	(− 5. 16)

变量	模型 1	模型 2	模型 3	模型 4
	ln*patent_apply*	ln*ipatent_apply*	ln*upatent_apply*	ln*dpatent_apply*
L1. *Cash_ratio*	0.106	0.119	0.206 *	0.061
	(1.23)	(1.35)	(1.72)	(0.33)
L1. *HHI*	0.281	1.823 ***	1.228 **	1.057
	(0.49)	(3.10)	(2.02)	(1.08)
L1. *HHI_square*	−0.071	−1.022 **	−0.909 *	−0.741
	(−0.15)	(−2.17)	(−1.87)	(−0.97)
_cons	−1.038	−2.540 *	0.725	−1.535
	(−0.89)	(−1.81)	(0.71)	(−0.77)
Year	Yes	Yes	Yes	Yes
Industry	Yes	Yes	Yes	Yes
N	7476	6643	5689	2395
Adjust-R^2	0.391	0.359	0.400	0.414

注：括号内数值为 t 值；*、**、*** 分别表示在 10%、5%、1% 的水平上显著。

5.2.3.2 银行业竞争与企业创新

伴随着金融发展，银行之间的市场竞争也愈发激烈，市场势力假说认为，竞争性的银行业结构能够降低银行的垄断势力，使得银行贷款利率下降，银行提供的贷款增多，进而降低企业面临的融资约束。融资约束的减轻，将使得企业创新投入增加，进而促进企业创新。由于银行业竞争是金融发展的典型表现形式，本小节在金融发展对企业创新影响的基准模型中，将银行业市场竞争程度作为金融发展的代理变量，实证检验银行业竞争对企业创新的影响。我们以地区前五大银行的集中度（CR5）作为银行业市场竞争程度的衡量指标，使用各省前五大银行分支机构的数量总和占全部银行分支机构的总数量的比例测度，前五大银行的集中度越高，表明银行业市场垄断性越强，银行业市场竞争程度越弱。各商业银行分支机构数量通过手工收集的中国银保监会颁发的金融许可证获得，考虑到政策性银行、农村合作银行、农村商业银行、农村信用社等银行机构政策性较强，本书去除了这几类银行机构，仅保留大型国有商业银行、股份制商业银行和城市商业银行作为研究样本。

表 5.8 汇报了银行业竞争对企业创新影响的估计结果，模型 1、模型 2 分别表示银行业竞争对企业专利申请总量、发明专利申请量影响的结果，模型 3、模型 4 分别表示银行业竞争对企业专利授权总量、发明专利授权量影响的结果。由表 5.8 各模型结果可知，银行业市场竞争程度的系数均显著为负，表明银行业竞争显著提升企业专利申请量，对企业创新具有显著的促进作用。由于银行业竞争是金融发展的具体表现形式，这进一步证实金融发展对企业创新具有显著的正向影响。

表 5.8　　　　　　　　　　银行业竞争对企业创新的影响

变量	模型 1	模型 2	模型 3	模型 4
	ln$patent\_apply$	ln$ipatent\_apply$	ln$patent\_grant$	ln$ipatent\_grant$
$L1.\ CR5$	− 1.215 ***	− 0.954 **	− 1.178 **	− 1.155 **
	(− 2.64)	(− 2.01)	(− 2.46)	(− 2.08)
$L1.\ lnhuman$	0.184 ***	0.205 ***	0.175 ***	0.159 **
	(3.37)	(3.64)	(3.08)	(2.48)
$L1.\ lninfrast$	0.056	− 0.024	0.089 *	− 0.018
	(1.25)	(− 0.52)	(1.91)	(− 0.34)
$L1.\ lneconomy$	− 0.209 **	− 0.055	− 0.226 ***	− 0.120
	(− 2.57)	(− 0.65)	(− 2.67)	(− 1.24)
$L1.\ lnfirmage$	0.013	0.012	0.000	− 0.103 *
	(0.24)	(0.21)	(0.00)	(− 1.68)
$L1.\ ROA$	3.828 ***	3.676 ***	3.973 ***	3.590 ***
	(11.63)	(10.76)	(11.71)	(9.09)
$L1.\ Marketpower$	1.149 ***	1.180 ***	0.941 ***	0.966 ***
	(4.59)	(4.52)	(3.46)	(2.98)
$L1.\ Salegrowth$	− 0.118 ***	− 0.111 ***	− 0.138 ***	− 0.119 ***
	(− 3.73)	(− 3.38)	(− 4.26)	(− 3.15)

续表

变量	模型 1	模型 2	模型 3	模型 4
	lnpatent_apply	lnipatent_apply	lnpatent_grant	lnipatent_grant
L1. Tangibility	1.158 ***	0.762 ***	1.189 ***	0.401 *
	(5.66)	(3.58)	(5.64)	(1.67)
L1. Leverage	1.049 ***	1.271 ***	1.074 ***	1.145 ***
	(10.00)	(11.68)	(9.93)	(9.12)
L1. lnproduct	0.279 ***	0.244 ***	0.229 ***	0.201 ***
	(7.47)	(6.21)	(5.95)	(4.42)
L1. lnfixasset	− 0.203 ***	− 0.131 ***	− 0.181 ***	− 0.043
	(− 5.68)	(− 3.52)	(− 4.94)	(− 0.99)
L1. Cash_ratio	0.296 ***	0.294 ***	0.348 ***	0.337 ***
	(3.25)	(3.15)	(3.72)	(3.16)
L1. HHI	0.390	1.982 ***	0.242	1.949 ***
	(0.64)	(3.16)	(0.39)	(2.72)
L1. HHI_square	− 0.158	− 1.140 **	− 0.111	− 1.126 *
	(− 0.33)	(− 2.28)	(− 0.22)	(− 1.95)
_cons	− 2.353 *	− 4.259 **	− 1.996	− 2.754
	(− 1.65)	(− 2.55)	(− 1.37)	(− 1.58)
Year	Yes	Yes	Yes	Yes
Industry	Yes	Yes	Yes	Yes
N	7476	6643	7011	4643
Adjust-R^2	0.312	0.271	0.318	0.270

注：括号内数值为 t 值；* 、** 、*** 分别表示在 10% 、5% 、1% 的水平上显著。

　　按照前面所述，银行业竞争会通过减轻企业面临的融资约束而促进企业创新，我们通过实证检验银行业竞争对企业创新的影响机制，来验证这种说法正确与否。由于减轻企业融资约束对企业创新具有显著的促进作用已经在企业融资约束机制检验中被证实，我们只需检验银行业竞争对企业融资约束的影响，即可证实银行业竞争通过企业融资约束机制对企业创新产生促进作用。表5.9 报告了银行业竞争对企业融资约束影响的回归结果，为确保结论的稳健性，我们运用逐步回归法进行估计。由表 5.9 各模型的结果可知，银行业市场竞争程度对企业融资约束的系数均为正，且都在 1% 的水平上显著，表明银行业竞争显著减轻企业融资约束，也就是说，银行业竞争通过减轻企业融资约束进而提升企业创新水平，即银行业竞争通过企业融资约束机制促进企业创新。银行业竞争作为金融发展的重要表现形式，这进一步表明金融发展通过企业融资约束机制对企业创新产生促进作用。

表 5.9　　　　　　　　银行业竞争对企业融资约束的影响

变量	模型 1	模型 2	模型 3	模型 4
	SA_index	SA_index	SA_index	SA_index
CR5	0.330 ***	0.408 ***	0.516 ***	0.421 ***
	(5.16)	(7.20)	(9.37)	(7.84)
lnfirmage		−0.704 ***	−0.622 ***	−0.658 ***
		(−60.84)	(−50.30)	(−53.10)
ROA		0.044 ***	−0.376 ***	−0.339 ***
		(2.82)	(−13.43)	(−12.42)
Marketpower		0.380 ***	0.169 ***	0.096 **
		(8.15)	(3.81)	(2.22)
Salegrowth			−0.000	−0.000
			(−0.75)	(−0.25)
Leverage			−0.783 ***	−0.767 ***
			(−39.98)	(−39.25)
lnfixasset			−0.118 ***	−0.119 ***
			(−25.26)	(−26.23)
Top10holder				−0.471 ***
				(−19.36)
Ind_ratio				0.199 ***
				(4.81)
SOE				−0.147 ***
				(−18.03)

变量	模型 1	模型 2	模型 3	模型 4
	SA_index	*SA_index*	*SA_index*	*SA_index*
_cons	− 2.964 ***	− 1.160 ***	0.682 ***	1.101 ***
	（− 6.56）	（− 2.89）	（3.76）	（6.17）
Year	Yes	Yes	Yes	Yes
Industry	Yes	Yes	Yes	Yes
N	14393	14388	12304	12302
Adjust-R²	0.366	0.502	0.580	0.605

注：括号内数值为 t 值；＊、＊＊、＊＊＊分别表示在 10%、5%、1% 的水平上显著。

5.3　企业股权融资机制实证检验

5.3.1　模型设定与变量选取

5.3.1.1　模型设定

基于假说 5.2，为了考察金融发展如何通过企业股权融资机制对企业创新产生影响，以及检验企业股权融资在金融发展与企业创新关系中的中介效应，本节同样参考巴伦和肯尼（Baron & Kenny，1986）、温忠麟和叶宝娟（2014）、李政和杨思莹（2018）、沈国兵和袁征宇（2020）的研究思路，将企业股权融资作为中介变量，采用中介效应模型进行实证检验，检验步骤如下所述。

第一步，以企业创新为被解释变量，金融发展为解释变量，检验金融发展对企业创新的影响，该步骤在第 4 章中已进行检验，并证实金融发展显著促进企业创新水平提升。

第二步，以企业股权融资为被解释变量，金融发展为解释变量，检验金融发展对企业股权融资的影响，设定的计量模型如下所示：

$$Stockfin_{i,t} = \lambda_0 + \lambda_1 Finance_{i,t} + \eta Y controls_{i,t} + Industry + Year + \varepsilon_{i,t}$$

$$(5.4)$$

第三步，在金融发展对企业创新影响的模型中引入变量企业股权融资，检验企业股权融资对企业创新的影响，设定的计量模型如下所示：

$$Innovation_{i,t} = \beta_0 + \beta_1 Finance_{i,t-1} + \beta_3 Stockfin_{i,t-1} + \gamma Controls_{i,t-1}$$
$$+ Industry + Year + \varepsilon_{i,t}$$

$$(5.5)$$

其中，i 代表企业，t 代表年份，$Stockfin$ 代表企业股权融资，$Finance$ 代表金融发展，$Innovation$ 表示企业创新。λ_0、β_0 分别为式（5.4）和式（5.5）的常数项，ε 表示随机扰动项。λ_1 为式（5.4）中金融发展的系数，β_3 为式（5.5）中企业股权融资的系数，若系数 λ_1、β_3 均显著，则证实企业股权融资中介效应存在，即金融发展通过企业股权融资机制对企业创新产生影响。$Ycontrols$ 为一系列影响企业股权融资的控制变量，$Controls$ 为一系列影响企业创新的控制变量，$Industry$、$Year$ 分别表示企业所属行业固定效应、年份固定效应，在回归模型中对这两种固定效应均进行控制。考虑到企业开展研发活动是一个漫长的过程，从研发投入到专利产出需要较长时间，导致解释变量和控制变量对企业创新的影响存在一定的时滞，因此，在第三步检验中，对解释变量和控制变量均进行滞后一期处理。

5.3.1.2　变量选取

金融发展和企业创新的衡量指标在本章前述部分已有介绍，在此不再赘述。本节只介绍企业股权融资的测度和控制变量的选取。

（1）企业股权融资。

$Stockfin$ 表示企业股权融资，参考刘家树和张娟（2019）的研究，使用企业实收资本（股本）的自然对数衡量。

（2）控制变量。

式（5.4）中 *Ycontrols* 为一系列影响企业股权融资的控制变量，具体如下：①企业规模（*Size*），企业规模是股权融资过程中投资者较为关注的因素之一，会影响到企业股权融资的规模，选取企业总资产的的自然对数代表企业规模。②企业年龄（ln*firmage*），企业的年龄将影响企业的投资者基础，企业年龄越大，企业越容易通过股权融资渠道获得资金，根据企业成立时间计算企业年龄，并取其自然对数值加以控制。③企业盈利能力（*ROA*），企业盈利能力是股权投资者判断企业是否适合投资的重要指标，企业盈利能力越强，代表企业发展空间越大，因此，提升企业盈利能力将有助于促进企业股权融资，利用企业总资产收益率作为企业盈利能力的代理指标，企业总资产收益率以企业净利润与平均总资产的比值测度。④企业市场势力（*Marketpower*），企业市场势力度量了企业的市场竞争能力，市场竞争力强的企业更易获得股权融资支持，利用销售费用占营业收入的比重测度企业市场势力。⑤企业成长性（*Salegrowth*），成长状况好的企业更加容易博得股权投资者的青睐，因而企业成长性将对企业股权融资产生重要影响，使用营业收入增长率作为企业成长性的代理指标。⑥企业财务杠杆率（*Leverage*），财务杠杆率反映了企业获取债务融资的能力和财务风险，财务杠杆率的高低将影响股权投资者的投资决策，采用企业资产负债率来代理企业财务杠杆率，企业资产负债率的计算方法为企业总负债除以总资产。⑦企业资本密度（ln*fixasset*），企业资本密度代表一个企业的资本丰裕程度，而企业资本丰裕度在一定程度上是企业实力的象征，将影响企业股权融资的获取，采用人均固定资产净额作为企业资本密度的衡量指标，并取自然对数加以控制。⑧股权集中度（*Top*10_*holder*），企业股权的集中程度会影响企业的投资决策和发展规划，进而影响企业的股权融资决策，使用企业前十大股东持股比例来测度股权集中度。⑨独立董事比例（*Ind_ratio*），独立董事占比将对企业决策的科学性产生影响，提高独立董事比例能够促进企业的长远发展，进而会影响企业的股权融资，利用企业独立董事人数与董事会人数之比来代理独立董事占比。

式（5.5）中 *Controls* 为一系列影响企业创新的控制变量，在本章前述部分已有叙述，在此不再赘述。

5.3.2　实证结果与分析

5.3.2.1　金融发展对企业股权融资的影响

（1）基准模型回归结果。

要考察金融发展如何通过企业股权融资机制对企业创新产生影响，本节首先检验金融发展对企业股权融资的影响，即对式（5.4）进行回归。表5.10报告了金融发展对企业股权融资影响的回归结果，我们使用最小二乘法进行估计，模型1、模型2、模型3、模型4分别列出了金融发展规模、金融发展结构、金融中介发展、资本市场发展对企业股权融资影响的估计结果。在宏观金融发展层面，由表5.10模型1的估计结果可知，金融发展规模的估计系数为0.029，且在1%的水平上显著，说明金融发展规模的扩大显著促进了企业股权融资；根据表5.10模型2的估计结果，金融发展结构的估计系数为0.054，且在1%的水平上显著，表明金融发展结构与企业股权融资存在显著的正相关关系，即改善金融发展结构有利于企业股权融资。在金融市场发展层面，从表5.10模型3的估计结果可知，金融中介发展的估计系数为0.076，且在1%的水平上显著，表明金融中介发展对企业股权融资存在显著的正向促进作用；根据表5.10模型4的估计结果，资本市场发展的估计系数为0.02，且在1%的水平上显著，证明资本市场发展显著正向影响企业股权融资。总之，金融发展规模、金融发展结构、金融中介发展、资本市场发展均对企业股权融资具有显著的正向促进作用，因此，金融发展水平的提升显著促进企业股权融资。

表 5.10　　　　　　　　金融发展对企业股权融资的影响

变量	模型 1	模型 2	模型 3	模型 4
	Stockfin	Stockfin	Stockfin	Stockfin
Finscale	0.029 ***			
	(8.19)			
Finstruct		0.054 ***		
		(6.34)		
Fininter			0.076 ***	
			(7.23)	
Capmarket				0.020 ***
				(6.10)
Size	0.670 ***	0.671 ***	0.671 ***	0.671 ***
	(135.92)	(135.74)	(136.33)	(135.72)
lnfirmage	0.170 ***	0.170 ***	0.171 ***	0.171 ***
	(10.56)	(10.56)	(10.62)	(10.59)
ROA	−0.136 ***	−0.139 ***	−0.137 ***	−0.139 ***
	(−3.82)	(−3.90)	(−3.85)	(−3.89)
Marketpower	0.199 ***	0.208 ***	0.204 ***	0.209 ***
	(3.55)	(3.71)	(3.64)	(3.73)
Salegrowth	0.000	0.000	0.000	0.000
	(0.16)	(0.16)	(0.16)	(0.15)
Leverage	−0.557 ***	−0.556 ***	−0.558 ***	−0.557 ***
	(−20.74)	(−20.68)	(−20.75)	(−20.72)
lnfixasset	0.024 ***	0.025 ***	0.024 ***	0.025 ***
	(3.99)	(4.15)	(3.92)	(4.10)
Top10holder	−0.689 ***	−0.682 ***	−0.689 ***	−0.682 ***
	(−21.46)	(−21.23)	(−21.43)	(−21.22)
Ind_ratio	−0.286 ***	−0.286 ***	−0.287 ***	−0.285 ***
	(−5.34)	(−5.32)	(−5.35)	(−5.31)
_cons	17.887 ***	17.948 ***	17.857 ***	17.955 ***
	(81.05)	(81.32)	(80.75)	(81.35)

变量	模型 1	模型 2	模型 3	模型 4
	Stockfin	*Stockfin*	*Stockfin*	*Stockfin*
Year	Yes	Yes	Yes	Yes
Industry	Yes	Yes	Yes	Yes
N	12302	12302	12302	12302
Adjust-R²	0.765	0.764	0.764	0.764

注：括号内数值为 t 值；*、**、*** 分别表示在 10%、5%、1% 的水平上显著。

在控制变量方面，企业规模的系数显著为正，表明企业规模对企业股权融资存在显著的正向影响。企业年龄的系数显著为正，说明企业年龄越大，企业股权融资越多。企业盈利能力的系数显著为负，意味着盈利能力越强的企业，股权融资反而越少。企业市场势力的系数显著为正，表明企业市场势力较大，企业股权融资也较多。企业成长性的系数为正，但不显著，表明企业成长性对企业股权融资不具有显著影响。企业财务杠杆率的回归系数显著为负，这意味着企业财务杠杆率升高会对企业股权融资产生负向影响。企业资本密度显著为正，表明企业资本密度越高，企业股权融资也越多。股权集中度、独立董事比例的回归系数均显著为负，表明股权集中度、独立董事占比较高的企业，股权融资反而较少。

（2）稳健性检验。

在基准模型中，我们证明了金融发展水平提升显著促进企业股权融资的结论，为验证这个结论的稳健性，接下来，我们通过将各个金融发展变量滞后一期和二期的方式进行稳健性检验。表 5.11 报告各个金融发展变量滞后一期和滞后二期对企业股权融资影响的估计结果，从表中可知，金融发展规模、金融发展结构、金融中介发展、资本市场发展的估计系数都在 1% 的水平上显著为正，且系数大小与基准模型的结果差别不大，表明基准模型中金融发展显著促进企业股权融资的结论是稳健的。

表 5.11　　　　　金融发展对企业股权融资影响的稳健性检验

	A：解释变量金融发展滞后一期			
变量	模型 1	模型 2	模型 3	模型 4
	Stockfin	*Stockfin*	*Stockfin*	*Stockfin*
L1. Finscale	0.029 *** (7.96)			
L1. Finstruct		0.052 *** (6.36)		
L1. Fininter			0.075 *** (7.03)	
L1. Capmarket				0.020 *** (6.03)
	B：解释变量金融发展滞后二期			
变量	模型 1	模型 2	模型 3	模型 4
	Stockfin	*Stockfin*	*Stockfin*	*Stockfin*
L2. Finscale	0.029 *** (7.33)			
L2. Finstruct		0.052 *** (6.13)		
L2. Fininter			0.073 *** (6.39)	
L2. Capmarket				0.019 *** (5.74)

注：控制变量与基准模型一致，还控制了年份、行业固定效应；括号内数值为 t 值；＊、＊＊、＊＊＊分别表示在10%、5%、1%的水平上显著。

（3）内生性问题讨论。

前面的基准模型估计和稳健性检验发现，金融发展对企业股权融资具有显著的正向促进作用，但该结果可能由于内生性问题而存在偏误。内生性问题可能是由两方面原因导致的，一方面，设定的基准模型可能遗漏相关变量，造成内生性问题；另一方面，企业通过股权融资筹措到企业生产经营所需的资金，将促进企业发展壮大，进而推进本地区经济增长，而经济增长对金融发展具有正向的促进效应，因此，企业股权融资反过来会促进金融发展，这种反向因果关系会造成内生性问题。对于基准模型存在的内生性问题，本小节将运用面板工具变量法进行处理，并采用两阶段最小二乘法估计。

本章参考钟等（Chong et al.，2013）、张杰等（2017）、张璇等（2017）、李春涛等（2020）构造工具变量的思路，选取同年度各地区相邻省区市金融发展变量的均值作为工具变量，即相邻省区市金融发展规模均值（*Mean_Finscale*）、相邻省区市金融发展结构均值（*Mean_Finstruct*）、相邻省区市金融中介发展均值（*Mean_Fininter*）、相邻省区市资本市场发展均值（*Mean_Capmarket*）。在基准模型回归中，我们将金融发展变量滞后一期处理，因此，工具变量也相应滞后一期。

选取该工具变量的原因为：一方面，由于相邻的省区市地理位置毗邻，资源禀赋、经济发展条件和水平存在一定的相似性，金融发展程度、金融发展模式相近，满足工具变量相关性条件；另一方面，各地金融市场上的资本要素扭曲现象仍未消除，以及其他一些制度性消极因素，企业跨省进行股权融资也许需要支付额外的交易成本和信息成本，企业股权融资具有一定的地域分割性，因此，相邻省区市的金融发展水平难以直接影响本地区企业的股权融资，从而满足工具变量外生性条件。

表 5.12 报告了金融发展对企业股权融资影响的面板工具变量估计结果。从表 5.12 可知，Cragg-Donald Wald F 统计量分别为 14.03、14.75、19.32、13.61，均大于 Stock-Yogo 弱工具变量检验的临界值，显著拒绝存在弱工具变量的原假设，表明模型不存在弱工具变量问题。表 5.12 模型 1、模型 3、模型 5 和模型 7 表示第一阶段估计结果，从第一阶段结果中可知，各个工具变量的系数均显著，表明本地区金融发展程度与相邻省区市金融发展程度具有显著的相关关系。表 5.12 模型 2、模型 4、模型 6 和模型 8 表示第二阶段估计结果，从第二阶段结果中可知，金融发展规模的系数为 0.042，且在 1% 的水平上显著，这意味着金融发展规模的扩大显著促进企业股权融资；金融发展结构的系数为 0.069，且在 1% 的水平上

显著，证明改善金融发展结构对企业股权融资具有显著的促进作用；金融中介发展的系数为0.108，且在1%的水平上显著，表明金融中介发展对企业股权融资存在显著的正向影响；资本市场发展的系数为0.021，且在1%的水平上显著，表明资本市场发展显著促进企业股权融资。总之，面板工具变量估计结果进一步表明金融发展对企业股权融资具有显著的促进作用。

表5.12　　金融发展对企业股权融资影响的面板工具变量估计结果

变量	模型 1	模型 2	模型 3	模型 4
	Finscale	*Stockfin*	*Finstruct*	*Stockfin*
	第一阶段	第二阶段	第一阶段	第二阶段
Mean_Finscale	0.350 *** (15.69)			
Finscale		0.042 *** (7.03)		
Mean_Finstruct			− 0.529 *** (− 19.51)	
Finstruct				0.069 *** (4.92)
Ycontrols	Yes	Yes	Yes	Yes
Year	Yes	Yes	Yes	Yes
Industry	Yes	Yes	Yes	Yes
N	12302	12302	12302	12302
F test	14.03 (0.000)		14.75 (0.000)	
变量	模型 5	模型 6	模型 7	模型 8
	Fininter	*Stockfin*	*Capmarket*	*Stockfin*
	第一阶段	第二阶段	第一阶段	第二阶段
Mean_Fininter	0.728 *** (41.03)			
Fininter		0.108 *** (6.81)		

续表

变量	模型 5 *Fininter* 第一阶段	模型 6 *Stockfin* 第二阶段	模型 7 *Capmarket* 第一阶段	模型 8 *Stockfin* 第二阶段
Mean_Capmarket			− 0. 351 *** (− 11. 63)	
Capmarket				0. 021 *** (3. 79)
Ycontrols	Yes	Yes	Yes	Yes
Year	Yes	Yes	Yes	Yes
Industry	Yes	Yes	Yes	Yes
N	12302	12302	12302	12302
F test	19. 32 (0. 000)		13. 61 (0. 000)	

注：括号内数值为 t 值或 z 值；*、**、*** 分别表示在 10%、5%、1% 的水平上显著。

（4）金融发展对企业股权融资影响的进一步检验。

前面已经证明金融发展对企业股权融资具有显著的正向促进作用，而企业融资包括股权融资和债务融资两种类型，长期以来，我国企业的融资结构以债务融资为主，这里，将企业融资结构定义为企业股权融资与债务融资的比值。那么，金融发展是否会对企业融资结构产生影响？如果金融发展能够对企业融资结构产生影响，并且能够改善企业融资结构，即有利于相对提升企业股权融资规模，那么，这就能进一步证实金融发展对企业股权融资的正向影响。接下来，我们将企业融资结构（*Finanstruct*）作为被解释变量，利用企业实收资本（股本）与企业负债的比值衡量，依然将金融发展各变量作为解释变量，检验金融发展对企业融资结构的影响。表 5. 13 报告了金融发展对企业融资结构影响的估计结果，由表 5. 13 可知，金融发展规模、金融发展结构、资本市场发展的系数均显著为正，表明金融发展规模、金融发展结构、资本市场发展显著促进企业融资结构改善，有助于相对提升企业股权融资规模。而金融中介发展的估计系数虽然也为正，但不显著，意味着金融中介发展对企业融资结构不产生显著影响，这也在情理之中，因为银行等金融中介机构是直接为企业提供信贷支持，对企业股权融资不存在直接影响。总之，估计结果表明，金融发展在一定程度上能够改善企业融资结构，有利于相对提升企业股权融资规模，这进一步证明了金融发展对企业股权融资存在显著的促进作用。

表 5. 13　　　　　　　　　　金融发展对企业融资结构的影响

变量	模型 1	模型 2	模型 3	模型 4
	Finanstruct	*Finanstruct*	*Finanstruct*	*Finanstruct*
Finscale	0. 025 **			
	(0. 01)			
Finstruct		0. 086 ***		
		(0. 03)		
Fininter			0. 046	
			(0. 04)	
Capmarket				0. 031 ***
				(0. 01)
Size	− 0. 248 ***	− 0. 250 ***	− 0. 247 ***	− 0. 250 ***
	(0. 02)	(0. 02)	(0. 02)	(0. 02)
ln*firmage*	0. 334 ***	0. 338 ***	0. 334 ***	0. 338 ***
	(0. 05)	(0. 05)	(0. 05)	(0. 05)
ROA	− 0. 259 **	− 0. 260 **	− 0. 261 **	− 0. 260 **
	(0. 12)	(0. 12)	(0. 12)	(0. 12)
Marketpower	− 0. 181	− 0. 178	− 0. 174	− 0. 176
	(0. 19)	(0. 19)	(0. 19)	(0. 19)
Salegrowth	0. 000	0. 000	0. 000	0. 000
	(0. 00)	(0. 00)	(0. 00)	(0. 00)
Leverage	− 2. 948 ***	− 2. 946 ***	− 2. 949 ***	− 2. 948 ***
	(0. 09)	(0. 09)	(0. 09)	(0. 09)
ln*fixasset*	0. 020	0. 021	0. 019	0. 021
	(0. 02)	(0. 02)	(0. 02)	(0. 02)

续表

变量	模型 1	模型 2	模型 3	模型 4
	Finanstruct	*Finanstruct*	*Finanstruct*	*Finanstruct*
Top10holder	− 0.611 ***	− 0.609 ***	− 0.607 ***	− 0.608 ***
	(0.11)	(0.11)	(0.11)	(0.11)
Ind_ratio	− 0.430 **	− 0.425 **	− 0.432 **	− 0.425 **
	(0.18)	(0.18)	(0.18)	(0.18)
_cons	3.288 ***	3.319 ***	3.291 ***	3.332 ***
	(0.75)	(0.75)	(0.75)	(0.75)
Year	Yes	Yes	Yes	Yes
Industry	Yes	Yes	Yes	Yes
N	12302	12302	12302	12302
Adjust-R^2	0.282	0.282	0.282	0.282

注：括号内数值为标准误；＊、＊＊、＊＊＊分别表示在 10%、5%、1% 的水平上显著。

5.3.2.2　企业股权融资对企业创新的影响

（1）基准模型回归结果。

我们已经证明金融发展显著促进企业股权融资，为了考察金融发展如何通过企业股权融资机制对企业创新产生影响，验证企业股权融资中介效应是否存在，还需要检验企业股权融资对企业创新的影响，即对式（5.5）进行回归。表 5.14 报告了企业股权融资对企业创新影响的回归结果，我们同样使用 OLS 进行估计，A 栏、B 栏、C 栏、D 栏分别为使用金融发展规模、金融发展结构、金融中介发展、资本市场发展作为金融发展的代理指标后企业股权融资对企业创新影响的估计结果，因篇幅所限，在此不报告各控制变量的结果。从各栏模型 1 的结果可知，企业股权融资的系数分别为 0.550、0.548、0.550、0.549，且均在 1% 的水平上显著，表明企业股权融资与企业专利申请总量显著正相关，即企业股权融资显著提升企业专利申请总量。从各栏模型 2 的结果可知，企业股权融资的系数分别为 0.552、0.550、0.555、0.551，且都在 1% 的水平上显著，表明企业股权融资对企业发明专利申请量的提升存在显著的正向促进作用。从各栏模型 3 的结果可知，企业股权融资的系数分别为 0.451、0.447、0.451、0.448，且均在 1% 的水平上显著，证明企业股权融资显著促进企业实用新型专利申请量的提升。从各栏模型 4 的结果可知，企业股权融资的系数分别为 0.459、0.461、0.458、0.459，且都在 1% 的水平上显著，表明企业股权融资与企业外观设计专利申请量存在显著的正相关关系，企业股权融资有利于企业外观设计专利申请量的提升。综上所述，企业股权融资显著促进企业专利申请量的增加，对企业创新具有显著的促进作用。

表 5.14　　　　　　　　企业股权融资对企业创新的影响

A：使用金融发展规模作为金融发展的代理变量			
变量	模型 1	模型 2	模型 3	模型 4
	ln*patent_apply*	ln*ipatent_apply*	ln*upatent_apply*	ln*dpatent_apply*
L1. *Stockfin*	0.550 ***	0.552 ***	0.451 ***	0.459 ***
	(27.91)	(27.45)	(21.23)	(12.28)
L1. *Finscale*	0.009	0.054 ***	−0.008	0.041
	(0.44)	(2.71)	(−0.34)	(1.04)
Controls	Yes	Yes	Yes	Yes
Year	Yes	Yes	Yes	Yes
Industry	Yes	Yes	Yes	Yes
N	7476	6643	5689	2395
Adjust-R²	0.380	0.352	0.387	0.408
B：使用金融发展结构作为金融发展的代理变量			
变量	模型 1	模型 2	模型 3	模型 4
	ln*patent_apply*	ln*ipatent_apply*	ln*upatent_apply*	ln*dpatent_apply*
L1. *Stockfin*	0.548 ***	0.550 ***	0.447 ***	0.461 ***
	(27.85)	(27.45)	(21.04)	(12.35)
L1. *Finstruct*	0.065 *	0.171 ***	0.074 *	0.048
	(1.95)	(5.01)	(1.92)	(0.72)

续表

B：使用金融发展结构作为金融发展的代理变量			
变量	模型 1	模型 2	模型 3	模型 4
	ln*patent_apply*	ln*ipatent_apply*	ln*upatent_apply*	ln*dpatent_apply*
Controls	Yes	Yes	Yes	Yes
Year	Yes	Yes	Yes	Yes
Industry	Yes	Yes	Yes	Yes
N	7476	6643	5689	2395
Adjust-R^2	0.380	0.353	0.387	0.408

C：使用金融中介发展作为金融发展的代理变量			
变量	模型 1	模型 2	模型 3	模型 4
	ln*patent_apply*	ln*ipatent_apply*	ln*upatent_apply*	ln*dpatent_apply*
L1. Stockfin	0.550 ***	0.555 ***	0.451 ***	0.458 ***
	(27.95)	(27.66)	(21.25)	(12.28)
L1. Fininter	0.046	0.100 *	0.003	0.179
	(0.78)	(1.65)	(0.05)	(1.51)
Controls	Yes	Yes	Yes	Yes
Year	Yes	Yes	Yes	Yes
Industry	Yes	Yes	Yes	Yes
N	7476	6643	5689	2395
Adjust-R^2	0.380	0.351	0.386	0.409

D：使用资本市场发展作为金融发展的代理变量			
变量	模型 1	模型 2	模型 3	模型 4
	ln*patent_apply*	ln*ipatent_apply*	ln*upatent_apply*	ln*dpatent_apply*
L1. Stockfin	0.549 ***	0.551 ***	0.448 ***	0.459 ***
	(27.90)	(27.53)	(21.09)	(12.30)
L1. Capmarket	0.019	0.061 ***	0.023	0.033
	(1.43)	(4.45)	(1.49)	(1.23)
Controls	Yes	Yes	Yes	Yes
Year	Yes	Yes	Yes	Yes
Industry	Yes	Yes	Yes	Yes
N	7476	6643	5689	2395
Adjust-R^2	0.380	0.353	0.387	0.408

注：括号内数值为 *t* 值；*、**、*** 分别表示在 10%、5%、1% 的水平上显著。

（2）稳健性检验。

在基准模型中，我们得到企业股权融资显著促进企业创新的结论，为保证这个结论的稳健性，分别通过将被解释变量企业专利申请量替换为企业专利授权量、将解释变量企业股权融资滞后二期和三期、使用不同估计方法的方式进行稳健性检验。表5.15报告了企业股权融资对企业创新影响的稳健性检验结果，A栏为将被解释变量企业专利申请量替换为企业专利授权量后企业股权融资对企业创新影响的估计结果，从各模型的结果可知，企业股权融资的系数均为正，且均在1%的水平上显著，表明基准模型中企业股权融资对企业创新具有显著的正向促进作用的结论是稳健的。B栏、C栏分别为企业股权融资滞后二期、三期对企业创新影响的估计结果，从各模型结果可知，不论是企业股权融资滞后二期还是滞后三期，企业股权融资对企业专利申请总量的系数均为正，且均在1%的水平上显著，进一步证实企业股权融资对企业创新存在正向影响。D栏、E栏分别为使用负二项回归模型、泊松计数模型估计的企业股权融资对企业创新影响的结果，从各模型的结果可知，企业股权融资对企业专利申请总量的系数均为正，且都在1%的水平上显著，这意味着基准模型中企业股权融资显著促进企业创新的结论稳健可靠。

表5.15　　　　企业股权融资对企业创新影响的稳健性检验

A：使用企业专利授权量替换被解释变量			
变量	模型1	模型2	模型3	模型4
	lnpatent_grant	lnpatent_grant	lnpatent_grant	lnpatent_grant
L1. Stockfin	0.507 *** (24.89)	0.506 *** (24.87)	0.506 *** (24.90)	0.507 *** (24.92)
L1. Finscale	0.009 (0.42)			
L1. Finstruct		0.046 (1.32)		
L1. Fininter			0.084 (1.37)	

续表

A：使用企业专利授权量替换被解释变量

变量	模型 1	模型 2	模型 3	模型 4
	ln*patent_grant*	ln*patent_grant*	ln*patent_grant*	ln*patent_grant*
L1. Capmarket				0.012
				(0.87)

B：解释变量企业股权融资滞后二期

变量	模型 1	模型 2	模型 3	模型 4
	ln*patent_apply*	ln*patent_apply*	ln*patent_apply*	ln*patent_apply*
L2. Stockfin	0.523 ***	0.521 ***	0.523 ***	0.522 ***
	(26.88)	(26.83)	(26.92)	(26.88)
L1. Finscale	0.014			
	(0.73)			
L1. Finstruct		0.076 **		
		(2.27)		
L1. Fininter			0.058	
			(0.98)	
L1. Capmarket				0.023 *
				(1.69)

C：解释变量企业股权融资滞后三期

变量	模型 1	模型 2	模型 3	模型 4
	ln*patent_apply*	ln*patent_apply*	ln*patent_apply*	ln*patent_apply*
L3. Stockfin	0.533 ***	0.532 ***	0.532 ***	0.532 ***
	(24.67)	(24.68)	(24.69)	(24.70)
L1. Finscale	0.017			
	(0.82)			
L1. Finstruct		0.076 **		
		(2.03)		
L1. Fininter			0.076	
			(1.16)	
L1. Capmarket				0.024 *
				(1.65)

D：使用负二项回归模型估计

变量	模型 1	模型 2	模型 3	模型 4
	Patent_apply	*Patent_apply*	*Patent_apply*	*Patent_apply*
L1. Stockfin	0.797 ***	0.793 ***	0.801 ***	0.794 ***
	(51.34)	(51.40)	(52.13)	(51.56)
L1. Finscale	0.040 **			
	(2.43)			
L1. Finstruct		0.135 ***		
		(4.57)		
L1. Fininter			0.073	
			(1.39)	
L1. Capmarket				0.049 ***
				(4.18)

E：使用泊松计数模型估计

变量	模型 1	模型 2	模型 3	模型 4
	Patent_apply	*Patent_apply*	*Patent_apply*	*Patent_apply*
L1. Stockfin	0.991 ***	1.000 ***	1.007 ***	1.005 ***
	(611.01)	(628.08)	(627.33)	(632.24)
L1. Finscale	0.192 ***			
	(93.25)			
L1. Finstruct		0.352 ***		
		(113.96)		
L1. Fininter			0.510 ***	
			(75.55)	
L1. Capmarket				0.127 ***
				(103.70)

注：控制变量与基准模型一致，还控制了年份、行业固定效应；括号内数值为 t 值或 z 值；*、**、*** 分别表示在 10%、5%、1% 的水平上显著。

（3）面板工具变量估计。

前面的基准模型估计结果和稳健性检验表明，企业股权融资显著促进企业创新，但是，基准模型可能由于内生性问题而使得估计结果存在偏误。内生性问题可能是两方面的潜在原因造成的，一方面，基准模型仍可能遗漏重要变量，造成内生性问题；另一方面，企业创新水平提升有利于企业增强市场竞争力和盈利能力，进而提高企业利润率，企业利润率的提升在一定程度上能够吸引更多的投资者，增加企业股权融资，所以，企业创新水平的提升对企业股权融资会产生正向影响，由此可见，企业股权融资与企业创新具有反向因果关系，这种反向因果关系会造成内生性问题。对于基准模型存在的内生性问题，我们运用面板工具变量法进行处理，并采取两阶段最小二乘法估计，以消除或减轻基准模型中企业股权融资对企业创新影响结果的偏误。

有效的工具变量应该满足两个条件，即相关性和外生性。基于这两个约束性条件，我们选取企业股权融资的滞后项作为工具变量。一方面，前期的企业股权融资水平与当期的企业股权融资水平存在相关关系；另一方面，前期的企业股权融资无法直接影响当期的企业创新水平。在基准模型回归中，我们已经将企业股权融资滞后一期处理，因此，选取滞后二期的企业股权融资作为工具变量。

表5.16汇报了企业股权融资对企业创新影响的面板工具变量估计结果。从表5.16可知，Cragg-Donald Wald F统计量分别为185.26、186.71、186.35、186.80，显著拒绝存在弱工具变量的原假设，表明模型不存在弱工具变量问题。表5.16模型1、模型3、模型5、模型7表示第一阶段估计结果，从第一阶段结果中可知，工具变量滞后二期的企业股权融资的系数均为正，且均在1%的水平上显著，表明前期的企业股权融资与当期的企业股权融资具有显著的正相关关系。表5.16模型2、模型4、模型6、模型8表示第二阶段估计结果，从第二阶段结果中可知，企业股权融资对企业专利申请总量的系数分别为0.614、0.611、0.613、0.612，且都在1%的水平上显著，表明企业股权融资显著提升企业专利申请总量，所以，面板工具变量估计结果进一步表明企业股权融资显著促进企业创新。

表 5.16　企业股权融资对企业创新影响的面板工具变量估计结果

变量	模型 1	模型 2	模型 3	模型 4
	L1. Stockfin	lnpatent_apply	L1. Stockfin	lnpatent_apply
	第一阶段	第二阶段	第一阶段	第二阶段
L2. Stockfin	0.919 *** (250.15)		0.919 *** (250.19)	
L1. Stockfin		0.614 *** (31.03)		0.611 *** (30.99)
L1. Finscale	0.009 ** (2.47)	−0.010 (−0.57)		
L1. Finstruct			0.023 *** (3.57)	0.043 (1.36)
Controls	Yes	Yes	Yes	Yes
Year	Yes	Yes	Yes	Yes
Industry	Yes	Yes	Yes	Yes
N	7476	7476	7476	7476
F test	185.26 (0.000)		186.71 (0.000)	
变量	模型 5	模型 6	模型 7	模型 8
	L1. Stockfin	lnpatent_apply	L1. Stockfin	lnpatent_apply
	第一阶段	第二阶段	第一阶段	第二阶段
L2. Stockfin	0.920 *** (250.59)		0.919 *** (250.19)	
L1. Stockfin		0.613 *** (31.09)		0.612 *** (31.04)
L1. Fininter	0.017 (1.54)	−0.016 (−0.28)		
L1. Capmarket			0.008 *** (3.07)	0.010 (0.81)
Controls	Yes	Yes	Yes	Yes

续表

变量	模型 5	模型 6	模型 7	模型 8
	L1. Stockfin	lnpatent_apply	L1. Stockfin	lnpatent_apply
	第一阶段	第二阶段	第一阶段	第二阶段
Year	Yes	Yes	Yes	Yes
Industry	Yes	Yes	Yes	Yes
N	7476	7476	7476	7476
F test	186. 35 (0. 000)		186. 80 (0. 000)	

注：括号内数值为 t 值或 z 值；*、**、*** 分别表示在 10%、5%、1% 的水平上显著。

综上所述，通过实证分析，我们发现金融发展显著促进企业股权融资，以及企业股权融资对企业创新具有显著的正向促进作用，即式（5.4）中金融发展的系数、式（5.5）中企业股权融资的系数均显著，这证实了企业股权融资中介效应的存在，金融发展通过促进企业股权融资进而提升企业创新水平，也就是说金融发展通过企业股权融资机制促进企业创新，这证明假说 5.2 是正确的。

5.3.2.3　企业股权融资机制贡献度分析

接下来，我们来分析企业股权融资机制对金融发展和企业创新关系的贡献度。从金融发展规模作为金融发展代理指标的角度分析，表 5.10 模型 1 显示金融发展规模的估计系数为 0.029，表 5.14A 栏模型 1 显示企业股权融资的估计系数为 0.550，进而我们可以计算出金融发展规模通过企业股权融资机制对企业创新产生影响的系数为 0.029 × 0.550 = 0.01595，表 4.3 模型 1 显示金融发展规模对企业创新影响的总系数为 0.059，0.01595/0.059 ≈ 27.03%，因此，企业股权融资机制对金融发展规模和企业创新关系的贡献度为 27.03%。

从金融发展结构作为金融发展代理变量的角度分析，表 5.10 模型 2 显示金融发展结构的估计系数为 0.054，表 5.14B 栏模型 1 显示企业股权融资的估计系数为 0.548，进而我们可以计算出金融发展结构通过企业股权融资机制对企业创新产生影响的系数为 0.054 × 0.548 = 0.029592，表 4.4 模型 1 显示金融发展结构对企业创新影响的总系数为 0.137，0.029592/0.137 ≈ 21.60%，因此，企业股权融资机制对金融发展结构和企业创新关系的贡献度为 21.60%。

从金融中介发展作为金融发展代理变量的角度分析，表 5.10 模型 3 显示金融中介发展的估计系数为 0.076，表 5.14C 栏模型 1 显示企业股权融资的估计系数为 0.550，进而我们可以计算出金融中介发展通过企业股权融资机制对企业创新产生影响的系数为 0.076 × 0.550 = 0.0418，表 4.5 模型 1 显示金融中介发展对企业创新影响的总系数为 0.159，0.0418/0.159 ≈ 26.29%，因此，企业股权融资机制对金融中介发展和企业创新关系的贡献度为 26.29%。

从资本市场发展作为金融发展代理变量的角度分析，表 5.10 模型 4 显示资本市场发展的估计系数为 0.02，表 5.14D 栏模型 1 显示企业股权融资的估计系数为 0.549，进而我们可以计算出资本市场发展通过企业股权融资机制对企业创新产生影响的系数为 0.02 × 0.549 = 0.01098，表 4.6 模型 1 显示资本市场发展对企业创新影响的总系数为 0.045，0.01098/0.045 ≈ 24.40%，因此，企业股权融资机制对资本市场发展和企业创新关系的贡献度为 24.40%。

综上所述，企业股权融资机制对金融发展和企业创新关系的贡献度至少超过 21%，为 21.60% ~ 27.03%。

5.3.3 企业股权融资机制的进一步分析

5.3.3.1 企业创新依赖与企业股权融资

前面证实，金融发展对企业股权融资具有显著的促进作用，企业通过股权融资所募集的资金，虽然不需要归还本金和支付利息，但股权投资者进行股权投资是为了获取企业的股利和利润，因此，股权投资者关注的是企业的成长空间和长期价值。而企业开展研发创新活动是提升企业价值的重要途径，所以，股权投资者在筛选股权投资对象时，可能会偏爱那些注重研发创新、创新投资大、对创新依赖程度高的企业。那么，在金融发展水平不断提升的过程中，企业对创新的依赖程度可能会对企业股权融资产生影响，金融发展对不同程度创新依赖企业的股权融资可能具有异质性影响。

我们利用企业研发投入强度作为企业创新依赖的代理指标，研发投入强度使用研发支出与营业总收入的比值衡量，企业研发投入强度越高，代表企业对创新的依赖程度越高。根据企业研发投入强度是否超过年度行业中位数，把样本分成两组，分别是高创新依赖企业和低创新依赖企业。设置高创新依赖企业 0 – 1 类别变量（*Highinno*），在金融发展对企业股权融资影响的基准模型中，引入高创新依赖企业类别变量、高创新依赖企业类别变量与金融发展的交互项，通过考察金融发展对不同程度创新依赖企业股权融资的影响，检验金融发展对企业股权融资影响的创新依赖异质性效应。

表 5.17 汇报了金融发展对不同程度创新依赖企业股权融资影响的回归结果，从表中可知，在模型 2 和模型 4 中，高创新依赖企业类别变量与金融发展结构的交互项系数、高创新依赖企业类别变量与资本市场发展的交互项系数显著为正，这意味着相比于低创新依赖企业，金融发展结构的改善、资本市场发展对高创新依赖企业股权融资的促进作用更加明显。在模型 1 和模型 3 中，高创新依赖企业类别变量与金融发展规模的交互项系数、高创新依赖企业类别变量与金融中介发展的交互项系数为正，但不显著。总之，相较于低创新依赖企业，金融发展在一定程度上对高创新依赖企业股权融资的促进作用更加显著。这意味着，在金融发展水平提升的过程中，股权投资者在筛选企业进行投资时，更偏向高创新依赖企业，因此高创新依赖企业更易通过股权融资筹集到研发资金。

表 5.17　　　　　金融发展对不同程度创新依赖企业股权融资的影响

变量	模型 1	模型 2	模型 3	模型 4
	Stockfin	*Stockfin*	*Stockfin*	*Stockfin*
Highinno	-0.003	0.000	0.014	0.010
	(-0.11)	(0.04)	(0.52)	(0.99)
Finscale	0.025 ***			
	(4.95)			
Highinno × Finscale	0.008			
	(1.28)			
Finstruct		0.029 **		
		(2.34)		
Highinno × Finstruct		0.044 ***		
		(2.84)		
Fininter			0.072 ***	
			(4.90)	
Highinno × Fininter			0.009	
			(0.46)	
Capmarket				0.011 **
				(2.36)
Highinno × Capmarket				0.015 **
				(2.52)
Size	0.671 ***	0.671 ***	0.672 ***	0.671 ***
	(135.91)	(135.80)	(136.26)	(135.78)
Infirmage	0.170 ***	0.170 ***	0.171 ***	0.171 ***
	(10.60)	(10.59)	(10.65)	(10.62)
ROA	-0.137 ***	-0.140 ***	-0.138 ***	-0.140 ***
	(-3.87)	(-3.93)	(-3.88)	(-3.92)
Marketpower	0.188 ***	0.197 ***	0.194 ***	0.198 ***
	(3.35)	(3.51)	(3.45)	(3.53)
Salegrowth	0.000	0.000	0.000	0.000
	(0.13)	(0.14)	(0.13)	(0.13)

续表

变量	模型 1	模型 2	模型 3	模型 4
	Stockfin	*Stockfin*	*Stockfin*	*Stockfin*
Leverage	− 0. 552 ***	− 0. 551 ***	− 0. 553 ***	− 0. 552 ***
	(− 20. 50）	(− 20. 44）	(− 20. 50）	(− 20. 47）
lnfixasset	0. 024 ***	0. 025 ***	0. 024 ***	0. 025 ***
	（3. 96）	（4. 12）	（3. 89）	（4. 06）
Top10holder	− 0. 685 ***	− 0. 677 ***	− 0. 685 ***	− 0. 677 ***
	(− 21. 32）	(− 21. 07）	(− 21. 29）	(− 21. 06）
Ind_ratio	− 0. 288 ***	− 0. 288 ***	− 0. 288 ***	− 0. 288 ***
	(− 5. 37）	(− 5. 37）	(− 5. 36）	(− 5. 36）
_cons	17. 901 ***	17. 953 ***	17. 863 ***	17. 958 ***
	（81. 00）	（81. 38）	（80. 49）	（81. 40）
Year	Yes	Yes	Yes	Yes
Industry	Yes	Yes	Yes	Yes
N	12302	12302	12302	12302
Adjust-R^2	0. 765	0. 764	0. 765	0. 764

注：括号内数值为 *t* 值；*、**、*** 分别表示在 10% 、5% 、1% 的水平上显著。

5. 3. 3. 2　高科技属性对企业股权融资创新效应的影响

在本章理论分析部分，我们认为，由于通过股权融资筹措的资金要求高回报，势必驱使企业集中资源开展研发创新活动，进而以技术创新成果获取的高收益满足股权投资者要求的高报酬，因此，股权融资对企业创新具有激励效应，而且只有通过不断研发创新，才能吸引更多的股权投资。高科技企业以创新为第一要务，在企业生产经营过程中持续进行研究实验和技术成果转化，通过拥有核心自主知识产权参与市场竞争，以在激烈的市场竞争中摄取高额利润。那么在理论上，高科技企业的创新属性决定了股权融资对高科技企业创新的促进作用应该更加明显。而且，如果股权融资对高科技企业创新具有更加显著的影响，也可以进一步证实企业股权融资的创新效应。在接下来的部分中，我们就来实证检验这种观点是否正确。

本节按照企业所属行业将企业样本划分为高科技企业和一般企业，定义高科技企业 0 - 1 类别变量（*Hightech*），通过在企业股权融资对企业创新影响的基准模型中，加入高科技企业类别变量和高科技企业类别变量与企业股权融资的交互项，考察高科技属性对企业股权融资创新效应的影响，以及进一步检验企业股权融资对企业创新的影响。

表 5.18 汇报了高科技属性对企业股权融资创新效应影响的估计结果，在模型 2 和模型 3 中，高科技企业类别变量与企业股权融资的交互项系数均显著为正，这表明相比于一般企业，企业股权融资对高科技企业发明专利申请量和实用新型专利申请量的促进作用更加显著。在模型 1 和模型 4 中，高科技企业类别变量与企业股权融资的交互项系数均为正，但不显著。由于发明专利是企业三种专利类型中最核心的专利，其价值量最高，是企业技术创新产出的典型代表，企业股权融资对高科技企业发明专利申请量的促进作用更加明显，足以表明相较于一般企业，企业股权融资对高科技企业创新具有更加明显的正向促进作用，这也进一步证明企业股权融资能够显著促进企业创新。这也意味着，在金融发展对企业创新产生影响的过程中，企业股权融资这条机制在高科技企业中更能发挥作用。

表 5.18　　　　　　　高科技属性对企业股权融资创新效应的影响

变量	模型 1	模型 2	模型 3	模型 4
	ln*patent_apply*	ln*ipatent_apply*	ln*upatent_apply*	ln*dpatent_apply*
L1. *Stockfin*	0.541 ***	0.535 ***	0.428 ***	0.456 ***
	(24.12)	(23.27)	(18.07)	(10.08)
L1. *Hightech*	0.918	− 0.643	− 2.216 **	− 0.249
	(0.82)	(− 0.48)	(− 2.37)	(− 0.14)
L1. *Hightech* × *Stockfin*	0.034	0.077 **	0.091 **	0.017
	(0.89)	(2.01)	(2.14)	(0.26)

续表

变量	模型 1	模型 2	模型 3	模型 4
	ln*patent_apply*	ln*ipatent_apply*	ln*upatent_apply*	ln*dpatent_apply*
L1. ln*human*	0.176 ***	0.193 ***	0.129 **	− 0.157
	(3.47)	(3.69)	(2.18)	(− 1.34)
L1. ln*infrast*	0.088 **	0.023	0.131 ***	0.259 ***
	(2.20)	(0.57)	(2.89)	(3.00)
L1. ln*economy*	− 0.021	0.113	− 0.076	0.164
	(− 0.30)	(1.61)	(− 1.01)	(1.20)
L1. ln*firmage*	− 0.198 ***	− 0.207 ***	− 0.173 ***	− 0.189 *
	(− 3.82)	(− 3.88)	(− 3.06)	(− 1.90)
L1. *ROA*	2.800 ***	2.669 ***	2.775 ***	2.420 ***
	(8.90)	(8.23)	(7.81)	(4.10)
L1. *Marketpower*	1.194 ***	1.237 ***	0.246	2.163 ***
	(5.03)	(5.02)	(0.72)	(5.04)
L1. *Salegrowth*	− 0.096 ***	− 0.090 ***	− 0.053	− 0.081
	(− 3.18)	(− 2.91)	(− 1.39)	(− 0.93)
L1. *Tangibility*	1.081 ***	0.634 ***	0.968 ***	1.767 ***
	(5.57)	(3.16)	(4.37)	(3.96)
L1. *Leverage*	0.417 ***	0.625 ***	0.663 ***	0.095
	(4.09)	(5.94)	(5.81)	(0.47)
L1. ln*product*	0.205 ***	0.164 ***	0.076 *	0.182 ***
	(5.78)	(4.42)	(1.92)	(2.67)
L1. ln*fixasset*	− 0.302 ***	− 0.232 ***	− 0.218 ***	− 0.297 ***
	(− 8.86)	(− 6.57)	(− 5.87)	(− 4.51)
L1. *Cash_ratio*	0.230 ***	0.231 ***	0.382 ***	0.202
	(2.66)	(2.62)	(3.19)	(1.08)
L1. *HHI*	0.255	1.808 ***	1.157 *	1.148
	(0.44)	(3.06)	(1.89)	(1.17)
L1. *HHI_square*	− 0.092	− 1.058 **	− 0.862 *	− 0.840
	(− 0.20)	(− 2.24)	(− 1.76)	(− 1.09)

变量	模型 1	模型 2	模型 3	模型 4
	lnpatent_apply	lnipatent_apply	lnupatent_apply	lndpatent_apply
_cons	−12.888 *** (−10.49)	−14.179 *** (−9.71)	−7.991 *** (−7.21)	−10.622 *** (−5.07)
Year	Yes	Yes	Yes	Yes
Industry	Yes	Yes	Yes	Yes
N	7476	6643	5689	2395
Adjust-R^2	0.380	0.351	0.387	0.408

注：括号内数值为 t 值；*、**、*** 分别表示在10%、5%、1%的水平上显著。

5.4　本章小结

本章运用中介效应模型实证检验企业融资约束机制和企业股权融资机制，分析企业融资约束和企业股权融资在金融发展与企业创新关系中的中介效应。通过检验企业融资约束机制，我们发现，金融发展显著促进企业融资约束缓解，以及企业融资约束缓解对企业创新具有显著的促进作用，这证实企业融资约束中介效应存在，金融发展通过缓解企业融资约束进而促进企业创新，也就是说金融发展通过企业融资约束机制对企业创新产生促进作用。通过进一步分析企业融资约束机制，我们发现，企业融资约束缓解对低外部融资依赖企业创新的正向促进作用更加显著，也意味着在金融发展促进企业创新的过程中，企业融资约束这条机制在低外部融资依赖企业中更能发挥作用；银行业竞争对企业创新具有显著的促进作用，银行业竞争作为金融发展的重要表现形式，这进一步证实金融发展对企业创新具有显著的正向影响，而且银行业竞争也是通过减轻企业融资约束进而提升企业创新水平，这进一步表明金融发展通过企业融资约束机制对企业创新产生促进作用。

通过检验企业股权融资机制，我们发现，金融发展显著促进企业股权融资，以及企业股权融资对企业创新具有显著的正向促进作用，这证实企业股权融资中介效应存在，金融发展通过促进企业股权融资进而提升企业创新水平，也就是说，金融发展通过企业股权融资机制对企业创新产生促进作用。通过进一步分析企业股权融资机制，我们发现，在金融发展水平提升的过程中，股权投资者在筛选企业进行投资时，更偏向高创新依赖企业，因此高创新依赖企业也更易通过股权融资筹集到研发资金；相较于一般企业，企业股权融资对高科技企业创新具有更加明显的正向促进作用，这也意味着，在金融发展对企业创新产生影响的过程中，企业股权融资机制在高科技企业中更能发挥作用。

第6章

金融发展对企业创新影响机制的实证分析：基于调节效应模型的检验

6.1 引　言

　　随着我国社会主义市场经济的发展，以及金融市场体系渐趋完备，经济与金融高度融合，且相互渗透，金融在经济生活中发挥着愈加重要的作用。金融部门的资产规模也在快速增长，社会财富大量流向金融部门，金融交易在市场交易中所占比例不断升高，经济金融化趋势正在加速形成（张成思和张步昙，2015）。伴随着经济金融化，以及由于经济发展进入新常态阶段而出现的经济增长速度下降，实体企业投资回报率进入下滑区间，金融部门与实体企业的关系越来越紧密，大量非金融类企业通过金融资产配置的方式进军金融领域，金融资产投资在非金融类企业投资中所占比例日益增大，这些企业期望通过投资金融资产以追求新的利润增长点，结果是，非金融类企业的金融资产配置程度提升趋势愈发明显。在经济新常态背景下，实体企业金融资产投资问题关系到我国实体经济能否平稳增长，因此，这个问题受到政府的高度关注。2018 年 10 月，习近平总书记在广东考察时就指出"实体经济是一国经济的立身之本、财富之源""经济发展任何时候都不能脱实向虚"①。

在第 3 章中，我们从企业资本配置视角理论分析了金融发展对企业创新的影响机制，分析了企业金融资产配置调节机制在金融发展影响企业创新过程中的作用，基于该分析，本章提出如下研究假说。

假说 6.1：企业金融资产配置抑制金融发展对企业创新的促进作用，对金融发展和企业创新之间的关系会产生负向调节效应。

本章将对以上研究假说进行验证，实证检验企业金融资产配置调节机制在金融发展影响企业创新过程中的作用，分析企业金融资产配置对金融发展和企业创新之间关系的调节效应，考察随着企业金融资产配置程度的变化，金融发展和企业创新之间的关系会发生怎样的变化。本章余下部分安排如下：第 6.2 节为研究设计，主要进行计量模型构建和变量选取；第 6.3 节为实证结果与分析，运用调节效应模型实证检验企业金融资产配置对金融发展和企业创新之间关系的影响，并进行稳健性检验；第 6.4 节为进一步分析和讨论，分析长短期金融资产配置对金融发展和企业创新之间关系的影响差异，以及企业金融资产配置对企业股权融资创新效应的调节作用；第 6.5 节为本章小结。

6.2　研究设计

6.2.1　模型设定

基于假说 6.1，为了考察企业金融资产配置调节机制在金融发展影响企业创新过程中的作用，以及检验企业金融资产配置对金融发展和企

---

① 让实体经济更加强起来［N］. 人民日报，2018 – 10 – 30.

创新之间关系的调节效应，即随着企业金融资产配置程度的提升，金融发展和企业创新之间的关系会发生何种变化，本章参考相关文献的研究思路（方杰等，2015；卢馨等，2017；胡志颖等，2015；张祥建等，2015），将企业金融资产配置程度作为调节变量，在金融发展影响企业创新的基准模型中加入企业金融资产配置程度和企业金融资产配置程度与金融发展的交互项，构建调节效应模型进行实证分析，调节效应模型如下所示：

$$Innovation_{i,t} = \beta_0 + \beta_1 Finance_{i,t-1} + \beta_2 Firmfin_{i,t-1} + \beta_3 Firmfin_{i,t-1} \\ \times Finance_{i,t-1} + \gamma Controls_{i,t-1} + Industry + Year + \varepsilon_{i,t}$$

$$(6.1)$$

其中，i 代表企业，t 代表年份，$Firmfin$ 代表企业金融资产配置程度，$Finance$ 代表金融发展，$Innovation$ 表示企业创新。β_0 为常数项，β_1 为金融发展的系数，β_2 为企业金融资产配置程度的系数，β_3 为企业金融资产配置程度与金融发展交互项的系数，若系数 β_3 显著，则证实调节效应存在，即企业金融资产配置显著影响金融发展和企业创新之间的关系。$Controls$ 为一系列影响企业创新的控制变量，ε 表示扰动项，$Industry$、$Year$ 分别表示企业所属行业固定效应、年份固定效应，在回归模型中对这两种固定效应均进行控制。考虑到企业从研发投入到专利申请存在一定时滞，对金融发展、企业金融资产配置程度、企业金融资产配置程度与金融发展的交互项，以及控制变量均进行滞后一期处理（虞义华等，2018）。

6.2.2　变量选取

6.2.2.1　企业金融资产配置程度

本章采用企业持有的金融资产占总资产的比值作为企业金融资产配置程度的代理变量，根据中国企业会计准则和金融资产的定义，企业持有的金融资产由货币资金、持有至到期投资、衍生金融资产、交易性金融资产、可供出售金融资产、投资性房地产六项加总所得（胡奕明等，2017；王红建等，2017；彭俞超等，2018；张成思和郑宁，2019；孟庆斌和侯粲然，2020；潘海英和王春凤，2020）。因此，企业金融资产配置程度具体的计算公式为：$Firmfin = ($货币资金 + 持有至到期投资 + 衍生金融资产 + 交易性金融资产 + 可供出售金融资产 + 投资性房地产$)/$企业总资产。

6.2.2.2 金融发展

本章从宏观金融发展和金融市场发展两个维度衡量金融发展。在宏观金融发展维度，分别从金融发展规模（$Finscale$）和金融发展结构（$Finstruct$）两方面测度宏观金融发展，运用各省区市金融机构存贷款余额之和与地区生产总值的比值衡量金融发展规模；使用各省区市上市企业股票市值与金融机构贷款余额的比值测度金融发展结构。在金融市场发展维度，由于金融市场主要由金融中介市场和资本市场构成，我们分别从金融中介发展（$Fininter$）和资本市场发展（$Capmarket$）两方面测度金融市场发展，使用各省区市金融机构贷款余额与地区生产总值的比值衡量金融中介发展；利用各省区市上市企业股票市值与地区生产总值的比值度量资本市场发展。

6.2.2.3 企业创新

本章使用企业专利申请量的自然对数衡量企业创新，利用企业专利申请总量（$lnpatent\_apply$）、企业发明专利申请量（$lnipatent\_apply$）、企业实用新型专利申请量（$lnupatent\_apply$）、企业外观设计专利申请量（$lndpatent\_apply$）的自然对数作为企业创新的代理指标。

6.2.2.4 控制变量

控制变量包括地区层面控制变量和企业层面控制变量。地区层面控制变量包括：人力资本水平（$lnhuman$）、基础设施建设水平（$lninfrast$）、经济发展水平（lneconomy）。企业层面控制变量包括：企业年龄（lnfirmage）、企业盈利能力（ROA）、企业市场势力（Marketpower）、企业成长性（Salegrowth）、企业资本运营模式（Tangibility）、企业资本结构（Leverage）、企业员工劳动生产率（lnproduct）、企业资本密度（lnfixasset）、企业现金持有（Cash_ratio）、企业所在行业竞争程度（HHI）及其平方项（HHI_square）。

6.3　实证结果与分析

6.3.1　基准模型回归结果

为了检验企业金融资产配置对金融发展和企业创新之间关系的影响，我们对式（6.1）进行回归。由于衡量金融发展的指标包括金融发展规模、金融发展结构、金融中介发展和资本市场发展，我们将分别实证检验企业金融资产配置对金融发展规模和企业创新关系的影响、企业金融资产配置对金融发展结构和企业创新关系的影响、企业金融资产配置对金融中介发展和企业创新关系的影响、企业金融资产配置对资本市场发展和企业创新关系的影响。

表6.1详细汇报了企业金融资产配置对金融发展规模和企业创新关系影响的估计结果，我们使用最小二乘法进行估计。表6.1模型1、模型2、模型3、模型4分别列示了企业金融资产配置对金融发展规模和企业专利申请总量、发明专利申请量、实用新型专利申请量、外观设计专利申请量关系影响的回归结果。从表6.1模型1的结果可知，企业金融资产配置程度与金融发展规模交互项的系数为 −0.256，且在1%的水平上显著，表明企业金融资产配置显著抑制金融发展规模对企业专利申请总量的促进作用。从表6.1模型2的结果可知，企业金融资产配置程度与金融发展

规模交互项的系数为 -0.173，且在 5% 的水平上显著，这意味着企业金融资产配置显著抑制金融发展规模对企业发明专利申请量的促进作用。从表 6.1 模型 3 的结果可知，企业金融资产配置程度与金融发展规模交互项的系数为 -0.125，但不显著，表明企业金融资产配置抑制了金融发展规模对企业实用新型专利申请量的促进作用，但这种抑制作用在统计意义上不显著。从表 6.1 模型 4 的结果可知，企业金融资产配置程度与金融发展规模交互项的系数为 0.089，且不显著。总体而言，虽然企业金融资产配置对金融发展规模与实用新型专利申请量、外观设计专利申请量之间的关系影响不显著，但是，企业金融资产配置显著抑制金融发展规模对企业专利申请总量、企业发明专利申请量的正向作用，这足以证明企业金融资产配置显著抑制金融发展规模对企业创新的促进作用，对金融发展规模和企业创新之间的关系具有显著的负向调节效应。

表 6.1　　金融资产配置对金融发展规模和企业创新关系的影响

变量	模型 1 lnpatent_apply	模型 2 lnipatent_apply	模型 3 lnupatent_apply	模型 4 lndpatent_apply
$L1.\ Finscale$	0.115 *** (4.29)	0.147 *** (5.33)	0.072 ** (2.40)	0.069 (1.22)
$L1.\ Firmfin$	1.365 *** (4.19)	0.660 ** (1.97)	0.590 (1.54)	0.009 (0.01)
$L1.\ Firmfin \times Finscale$	-0.256 *** (-3.17)	-0.173 ** (-2.09)	-0.125 (-1.35)	0.089 (0.53)
$L1.\ lnhuman$	0.208 *** (3.89)	0.226 *** (4.09)	0.166 *** (2.69)	-0.200 * (-1.66)
$L1.\ lninfrast$	0.075 (1.57)	0.061 (1.25)	0.100 * (1.85)	0.374 *** (3.73)
$L1.\ lneconomy$	-0.136 * (-1.88)	-0.020 (-0.27)	-0.195 ** (-2.46)	0.169 (1.18)
$L1.\ lnfirmage$	0.026 (0.48)	0.025 (0.45)	-0.005 (-0.09)	-0.078 (-0.76)

续表

变量	模型 1	模型 2	模型 3	模型 4
	ln*patent_apply*	ln*ipatent_apply*	ln*upatent_apply*	ln*dpatent_apply*
L1. *ROA*	3.829 ***	3.685 ***	3.610 ***	3.772 ***
	(11.64)	(10.81)	(9.81)	(6.29)
L1. *Marketpower*	1.198 ***	1.207 ***	0.210	1.991 ***
	(4.79)	(4.63)	(0.59)	(4.48)
L1. *Salegrowth*	−0.063 *	−0.099 **	−0.072 *	−0.161 *
	(−1.69)	(−2.55)	(−1.72)	(−1.72)
L1. *Tangibility*	1.304 ***	0.783 ***	1.007 ***	1.911 ***
	(6.24)	(3.61)	(4.30)	(4.09)
L1. *Leverage*	1.107 ***	1.273 ***	1.213 ***	0.821 ***
	(10.32)	(11.46)	(10.26)	(4.03)
L1. ln*product*	0.274 ***	0.237 ***	0.131 ***	0.272 ***
	(7.32)	(6.02)	(3.20)	(3.88)
L1. ln*fixasset*	−0.201 ***	−0.121 ***	−0.130 ***	−0.218 ***
	(−5.62)	(−3.24)	(−3.37)	(−3.21)
L1. *Cash_ratio*	0.078	0.251 **	0.298	0.192
	(0.67)	(2.06)	(1.57)	(0.65)
L1. *HHI*	0.424	2.029 ***	1.377 **	1.754 *
	(0.70)	(3.25)	(2.15)	(1.73)
L1. *HHI_square*	−0.188	−1.181 **	−1.017 **	−1.313 *
	(−0.39)	(−2.36)	(−1.99)	(−1.65)
_cons	−5.156 ***	−7.159 ***	−1.636	−5.815 ***
	(−4.14)	(−4.76)	(−1.48)	(−2.78)
Year	Yes	Yes	Yes	Yes
Industry	Yes	Yes	Yes	Yes
N	7476	6643	5689	2395
Adjust-R^2	0.313	0.274	0.335	0.366

注：括号内数值为 *t* 值；*、**、*** 分别表示在 10%、5%、1% 的水平上显著。

　　表 6.2 详细报告了企业金融资产配置对金融发展结构和企业创新关系影响的估计结果，我们同样使用最小二乘法进行估计。表 6.2 模型 1、模型 2、模型 3、模型 4 分别列示了企业金融资产配置对金融发展结构和企业专利申请总量、发明专利申请量、实用新型专利申请量、外观设计专利申请量关系影响的回归结果。由表 6.2 模型 1 的结果可知，企业金融资产配置程度与金融发展结构交互项的估计系数是 - 0.494，且在 1% 的水平上显著，表明企业金融资产配置显著抑制金融发展结构对企业专利申请总量的促进作用。由表 6.2 模型 2 的结果可知，企业金融资产配置程度与金融发展结构交互项的系数为 - 0.355，且在 10% 的水平上显著，说明企业金融资产配置显著抑制金融发展结构对企业发明专利申请量的促进作用。由表 6.2 模型 3 的结果可知，企业金融资产配置程度与金融发展结构交互项的回归系数为 - 0.319，但是不显著，意味着企业金融资产配置抑制了金融发展结构对企业实用新型专利申请量的促进作用，但这种抑制作用在统计意义上不显著。由表 6.2 模型 4 的结果可知，企业金融资产配置程度与金融发展结构交互项的回归系数为 0.337，且不显著。总体而言，虽然企业金融资产配置对金融发展结构和实用新型专利申请量、外观设计专利申请量之间的关系影响不显著，但是企业金融资产配置显著抑制金融发展结构对企业专利申请总量、发明专利申请量的促进效应，这足以证明企业金融资产配置显著抑制金融发展结构对企业创新的促进效应，对金融发展结构和企业创新之间的关系具有显著的负向调节效应。

表 6.2　　金融资产配置对金融发展结构和企业创新关系的影响

变量	模型 1	模型 2	模型 3	模型 4
	lnpatent_apply	lnipatent_apply	lnupatent_apply	lndpatent_apply
L1. Finstruct	0.254 ***	0.325 ***	0.226 ***	0.029
	(4.63)	(5.79)	(3.69)	(0.26)
L1. Firmfin	0.802 ***	0.312	0.389	0.162
	(3.80)	(1.42)	(1.47)	(0.39)
L1. Firmfin × Finstruct	- 0.494 ***	- 0.355 *	- 0.319	0.337
	(- 2.72)	(- 1.94)	(- 1.53)	(0.92)

变量	模型 1	模型 2	模型 3	模型 4
	ln*patent_apply*	ln*ipatent_apply*	ln*upatent_apply*	ln*dpatent_apply*
L1. ln*human*	0. 189 ***	0. 197 ***	0. 142 **	− 0. 217 *
	(3. 52)	(3. 57)	(2. 28)	(− 1. 79)
L1. ln*infrast*	0. 067	0. 037	0. 113 **	0. 317 ***
	(1. 53)	(0. 80)	(2. 27)	(3. 39)
L1. ln*economy*	− 0. 135 *	− 0. 016	− 0. 200 **	0. 189
	(− 1. 87)	(− 0. 22)	(− 2. 54)	(1. 32)
L1. ln*firmage*	0. 020	0. 018	− 0. 006	− 0. 080
	(0. 37)	(0. 32)	(− 0. 10)	(− 0. 78)
L1. *ROA*	3. 830 ***	3. 693 ***	3. 604 ***	3. 822 ***
	(11. 65)	(10. 85)	(9. 80)	(6. 37)
L1. *Marketpower*	1. 187 ***	1. 206 ***	0. 189	2. 015 ***
	(4. 75)	(4. 63)	(0. 53)	(4. 54)
L1. *Salegrowth*	− 0. 063 *	− 0. 098 **	− 0. 071 *	− 0. 157 *
	(− 1. 69)	(− 2. 51)	(− 1. 69)	(− 1. 68)
L1. *Tangibility*	1. 292 ***	0. 771 ***	0. 991 ***	1. 894 ***
	(6. 18)	(3. 56)	(4. 24)	(4. 05)
L1. *Leverage*	1. 102 ***	1. 269 ***	1. 205 ***	0. 814 ***
	(10. 28)	(11. 44)	(10. 21)	(4. 00)
L1. ln*product*	0. 272 ***	0. 234 ***	0. 127 ***	0. 273 ***
	(7. 27)	(5. 97)	(3. 10)	(3. 88)
L1. ln*fixasset*	− 0. 198 ***	− 0. 118 ***	− 0. 124 ***	− 0. 216 ***
	(− 5. 55)	(− 3. 17)	(− 3. 22)	(− 3. 19)
L1. *Cash_ratio*	0. 078	0. 241 **	0. 276	0. 154
	(0. 66)	(1. 99)	(1. 45)	(0. 52)
L1. *HHI*	0. 483	2. 126 ***	1. 475 **	1. 895 *
	(0. 80)	(3. 40)	(2. 31)	(1. 86)
L1. *HHI_square*	− 0. 242	− 1. 273 **	− 1. 106 **	− 1. 426 *
	(− 0. 50)	(− 2. 55)	(− 2. 16)	(− 1. 79)

变量	模型 1	模型 2	模型 3	模型 4
	ln*patent_apply*	ln*ipatent_apply*	ln*upatent_apply*	ln*dpatent_apply*
_cons	− 4. 602 *** （− 3. 75）	− 6. 267 *** （− 4. 23）	− 1. 329 （− 1. 24）	− 5. 006 ** （− 2. 45）
Year	Yes	Yes	Yes	Yes
Industry	Yes	Yes	Yes	Yes
N	7476	6643	5689	2395
Adjust-R²	0. 314	0. 276	0. 336	0. 366

注：括号内数值为 *t* 值；* 、** 、*** 分别表示在 10% 、5% 、1% 的水平上显著。

表 6.3 详细汇报了企业金融资产配置对金融中介发展和企业创新关系影响的回归结果，我们使用最小二乘法进行回归。表 6.3 模型 1、模型 2、模型 3、模型 4 分别列示了企业金融资产配置对金融中介发展和企业专利申请总量、发明专利申请量、实用新型专利申请量、外观设计专利申请量关系影响的估计结果。从表 6.3 模型 1 的结果可知，企业金融资产配置程度与金融中介发展交互项的系数为 − 0.735，且在 1% 的水平上显著，说明企业金融资产配置显著抑制金融中介发展对企业专利申请总量的促进效应。从表 6.3 模型 2 的结果可知，企业金融资产配置程度与金融中介发展交互项的系数为 − 0.478，且在 10% 的水平上显著，表明企业金融资产配置显著抑制金融中介发展对企业发明专利申请量的正向影响。从表 6.3 模型 3 的结果可知，企业金融资产配置程度与金融中介发展交互项的系数为 − 0.324，但不显著，表明企业金融资产配置对金融中介发展和企业实用新型专利申请量之间的关系影响不显著。从表 6.3 模型 4 的结果可知，企业金融资产配置程度与金融中介发展交互项的系数为 0.158，同样不显著。综上所述，虽然企业金融资产配置对金融中介发展和实用新型专利申请量、外观设计专利申请量之间的关系影响不显著，但是，企业金融资产配置显著抑制金融中介发展对企业专利申请总量、发明专利申请量的正向影响，这证明企业金融资产配置显著抑制金融中介发展对

企业创新的促进作用，对金融中介发展和企业创新之间的关系具有显著的负向调节效应。

表6.3　　金融资产配置对金融中介发展和企业创新关系的影响

变量	模型 1	模型 2	模型 3	模型 4
	ln$patent\_apply$	ln$ipatent\_apply$	ln$upatent\_apply$	ln$dpatent\_apply$
L1. $Fininter$	0. 314 ***	0. 325 ***	0. 190 **	0. 256
	(3. 91)	(3. 93)	(2. 10)	(1. 52)
L1. $Firmfin$	1. 485 ***	0. 713 *	0. 597	0. 057
	(4. 01)	(1. 87)	(1. 40)	(0. 08)
L1. $Firmfin \times Fininter$	− 0. 735 ***	− 0. 478 *	− 0. 324	0. 158
	(− 3. 04)	(− 1. 93)	(− 1. 18)	(0. 33)
L1. ln$human$	0. 239 ***	0. 264 ***	0. 193 ***	− 0. 142
	(4. 39)	(4. 69)	(3. 05)	(− 1. 16)
L1. ln$infrast$	0. 047	− 0. 003	0. 078	0. 346 ***
	(1. 04)	(− 0. 07)	(1. 55)	(3. 67)
L1. ln$economy$	− 0. 165 **	− 0. 048	− 0. 217 ***	0. 109
	(− 2. 22)	(− 0. 62)	(− 2. 65)	(0. 74)
L1. ln$firmage$	0. 031	0. 030	− 0. 002	− 0. 067
	(0. 58)	(0. 54)	(− 0. 03)	(− 0. 65)
L1. ROA	3. 835 ***	3. 695 ***	3. 614 ***	3. 767 ***
	(11. 66)	(10. 82)	(9. 82)	(6. 28)
L1. $Marketpower$	1. 210 ***	1. 235 ***	0. 224	2. 003 ***
	(4. 84)	(4. 73)	(0. 63)	(4. 51)
L1. $Salegrowth$	− 0. 063 *	− 0. 100 **	− 0. 072 *	− 0. 154 *
	(− 1. 69)	(− 2. 57)	(− 1. 72)	(− 1. 65)
L1. $Tangibility$	1. 285 ***	0. 768 ***	0. 995 ***	1. 907 ***
	(6. 14)	(3. 54)	(4. 24)	(4. 09)
L1. $Leverage$	1. 112 ***	1. 279 ***	1. 217 ***	0. 817 ***
	(10. 37)	(11. 49)	(10. 30)	(4. 02)

续表

变量	模型 1	模型 2	模型 3	模型 4
	ln*patent_apply*	ln*ipatent_apply*	ln*upatent_apply*	ln*dpatent_apply*
L1. ln*product*	0. 274 ***	0. 241 ***	0. 131 ***	0. 269 ***
	(7. 31)	(6. 12)	(3. 19)	(3. 83)
L1. ln*fixasset*	− 0. 200 ***	− 0. 126 ***	− 0. 129 ***	− 0. 217 ***
	(− 5. 60)	(− 3. 37)	(− 3. 34)	(− 3. 20)
L1. *Cash_ratio*	0. 080	0. 254 **	0. 304	0. 206
	(0. 68)	(2. 09)	(1. 60)	(0. 70)
L1. *HHI*	0. 423	2. 025 ***	1. 381 **	1. 768 *
	(0. 70)	(3. 24)	(2. 16)	(1. 74)
L1. *HHI_square*	− 0. 188	− 1. 177 **	− 1. 020 **	− 1. 319 *
	(− 0. 39)	(− 2. 35)	(− 2. 00)	(− 1. 66)
_cons	− 4. 979 ***	− 6. 606 ***	− 1. 532	− 5. 712 ***
	(− 4. 01)	(− 4. 40)	(− 1. 39)	(− 2. 75)
Year	Yes	Yes	Yes	Yes
Industry	Yes	Yes	Yes	Yes
N	7476	6643	5689	2395
Adjust-R^2	0. 313	0. 272	0. 335	0. 366

注：括号内数值为 t 值；* 、** 、*** 分别表示在 10% 、5% 、1% 的水平上显著。

　　表 6.4 报告了企业金融资产配置对资本市场发展和企业创新关系影响的估计结果，我们同样使用最小二乘法进行回归。表 6.4 模型 1、模型 2、模型 3、模型 4 分别列示了企业金融资产配置对资本市场发展和企业专利申请总量、发明专利申请量、实用新型专利申请量、外观设计专利申请量之间关系影响的结果。由表 6.4 模型 1 的结果可知，企业金融资产配置程度与资本市场发展交互项的系数为 − 0.199，且在 1% 的水平上显著，表明企业金融资产配置显著抑制资本市场发展对企业专利申请总量的正向影响。由表 6.4 模型 2 的结果可知，企业金融资产配置程度与资本市场发展交互项的系数为 − 0.157，且在 5% 的水平上显著，这表明企业金融资产配置显著抑制资本市场发展对企业发明专利申请量的促进作用。由

表6.4模型3的结果可知，企业金融资产配置程度与资本市场发展交互项的系数为 -0.125，但不显著，意味着企业金融资产配置对资本市场发展和企业实用新型专利申请量之间的关系影响不显著。由表6.4模型4的结果可知，企业金融资产配置程度与资本市场发展交互项的系数为0.122，同样不显著。总之，虽然企业金融资产配置对资本市场发展和实用新型专利申请量、外观设计专利申请量之间的关系影响不显著，但是企业金融资产配置显著抑制资本市场发展对企业专利申请总量、企业发明专利申请量的正向促进作用，这可以证实企业金融资产配置显著抑制资本市场发展对企业创新的正向影响，对资本市场发展和企业创新之间的关系具有显著的负向调节效应。在控制变量部分，显著性和系数大小与第4章金融发展对企业创新影响的基准模型中的控制变量的系数相差不大，在此不再赘述。

表6.4　　　金融资产配置对资本市场发展和企业创新关系的影响

变量	模型1	模型2	模型3	模型4
	ln*patent_apply*	ln*ipatent_apply*	ln*upatent_apply*	ln*dpatent_apply*
L1. *Capmarket*	0.093 ***	0.124 ***	0.083 ***	0.030
	(4.28)	(5.55)	(3.41)	(0.66)
L1. *Firmfin*	0.713 ***	0.260	0.322	0.245
	(3.60)	(1.26)	(1.28)	(0.63)
L1. *Firmfin* × *Capmarket*	-0.199 ***	-0.157 **	-0.125	0.122
	(-2.80)	(-2.19)	(-1.55)	(0.84)
L1. ln*human*	0.191 ***	0.198 ***	0.147 **	-0.222 *
	(3.57)	(3.57)	(2.36)	(-1.83)
L1. ln*infrast*	0.064	0.038	0.111 **	0.339 ***
	(1.45)	(0.83)	(2.21)	(3.59)
L1. ln*economy*	-0.127 *	-0.005	-0.194 **	0.187
	(-1.76)	(-0.07)	(-2.46)	(1.31)
L1. ln*firmage*	0.023	0.023	-0.004	-0.079
	(0.43)	(0.41)	(-0.06)	(-0.77)

续表

变量	模型 1	模型 2	模型 3	模型 4
	ln*patent_apply*	ln*ipatent_apply*	ln*upatent_apply*	ln*dpatent_apply*
L1. *ROA*	3. 831 ***	3. 692 ***	3. 604 ***	3. 802 ***
	(11. 65)	(10. 83)	(9. 80)	(6. 34)
L1. *Marketpower*	1. 205 ***	1. 236 ***	0. 209	2. 024 ***
	(4. 82)	(4. 74)	(0. 59)	(4. 57)
L1. *Salegrowth*	− 0. 063 *	− 0. 097 **	− 0. 071 *	− 0. 154 *
	(− 1. 69)	(− 2. 50)	(− 1. 69)	(− 1. 65)
L1. *Tangibility*	1. 293 ***	0. 774 ***	1. 000 ***	1. 893 ***
	(6. 19)	(3. 57)	(4. 27)	(4. 06)
L1. *Leverage*	1. 100 ***	1. 265 ***	1. 205 ***	0. 813 ***
	(10. 26)	(11. 39)	(10. 20)	(4. 00)
L1. ln*product*	0. 274 ***	0. 238 ***	0. 129 ***	0. 273 ***
	(7. 32)	(6. 06)	(3. 16)	(3. 89)
L1. ln*fixasset*	− 0. 200 ***	− 0. 121 ***	− 0. 126 ***	− 0. 216 ***
	(− 5. 59)	(− 3. 25)	(− 3. 28)	(− 3. 18)
L1. *Cash_ratio*	0. 080	0. 243 **	0. 283	0. 144
	(0. 68)	(2. 00)	(1. 49)	(0. 49)
L1. *HHI*	0. 473	2. 124 ***	1. 463 **	1. 934 *
	(0. 78)	(3. 40)	(2. 29)	(1. 90)
L1. *HHI_square*	− 0. 231	− 1. 264 **	− 1. 093 **	− 1. 459 *
	(− 0. 48)	(− 2. 53)	(− 2. 13)	(− 1. 83)
_cons	− 4. 665 ***	− 6. 396 ***	− 1. 410	− 5. 199 **
	(− 3. 80)	(− 4. 31)	(− 1. 31)	(− 2. 54)
Year	Yes	Yes	Yes	Yes
Industry	Yes	Yes	Yes	Yes
N	7476	6643	5689	2395
Adjust-R²	0. 313	0. 275	0. 336	0. 366

注：括号内数值为 *t* 值；＊、＊＊、＊＊＊分别表示在 10%、5%、1% 的水平上显著。

综上所述，企业金融资产配置显著抑制金融发展规模、金融发展结构、金融中介发展、资本市场发展对企业创新的促进作用，企业金融资产配置对金融发展规模、金融发展结构、金融中介发展、资本市场发展和企业创新之间的关系具有显著的负向调节效应。因此，企业金融资产配置显著抑制金融发展对企业创新的促进作用，对金融发展和企业创新之间的关系具有显著的负向调节效应。随着企业金融资产配置程度的提升，金融发展对企业创新的促进作用减弱，企业金融资产配置程度越高，金融发展对企业创新的促进作用越弱，也就是说企业金融资产配置机制是一种调节机制，这种调节机制削弱了金融发展对企业创新的促进作用，这证实假说6.1是正确的。

6.3.2 稳健性检验

6.3.2.1 使用企业专利授权量替换被解释变量

在基准模型中，我们证实企业金融资产配置显著抑制金融发展对企业创新的促进作用，随着企业金融资产配置程度的提升，金融发展对企业创新的促进作用减弱。为了确保该结论的稳健性，通过将被解释变量企业专利申请量替换为企业专利授权量的方式进行稳健性检验，运用企业专利授权总量（ln$patent\_grant$）、企业发明专利授权量（ln$ipatent\_grant$）、企业实用新型专利授权量（ln$upatent\_grant$）、企业外观设计专利授权量（ln$dpatent\_grant$）的自然对数作为企业创新的代理指标。表6.5报告了使用企业专利授权量替换企业专利申请量之后企业金融资产配置对金融发展和企业创新关系影响的回归结果。由表6.5各栏模型1的结果可知，企业金融资产配置程度与金融发展规模、金融发展结构、金融中介发展、资本市场发展交互项的系数均显著为负，表明企业金融资产配置显著抑制金融发展对企业专利申请总量的促进效应，这意味着基准模型中企业金融资产配置显著抑制金融发展对企业创新的促进作用的结论是稳健的。

表 6.5　　　　　　　　　**使用企业专利授权量替换被解释变量**

A：以金融发展规模衡量金融发展

变量	模型1 lnpatent_grant	模型2 lnipatent_grant	模型3 lnupatent_grant	模型4 lndpatent_grant
L1. Finscale	0.107 *** (3.84)	0.214 *** (6.67)	0.071 ** (2.38)	0.066 (1.17)
L1. Firmfin	1.162 *** (3.46)	0.924 ** (2.43)	0.589 (1.54)	0.007 (0.01)
L1. Firmfin × Finscale	−0.212 ** (−2.51)	−0.314 *** (−3.27)	−0.126 (−1.35)	0.098 (0.58)

B：以金融发展结构衡量金融发展

变量	模型1 lnpatent_grant	模型2 lnipatent_grant	模型3 lnupatent_grant	模型4 lndpatent_grant
L1. Finstruct	0.215 *** (3.83)	0.344 *** (5.73)	0.224 *** (3.66)	0.026 (0.23)
L1. Firmfin	0.704 *** (3.25)	0.195 (0.80)	0.385 (1.46)	0.184 (0.45)
L1. Firmfin × Finstruct	−0.406 ** (−2.14)	−0.493 ** (−2.48)	−0.316 (−1.52)	0.346 (0.95)

C：以金融中介发展衡量金融发展

变量	模型1 lnpatent_grant	模型2 lnipatent_grant	模型3 lnupatent_grant	模型4 lndpatent_grant
L1. Fininter	0.328 *** (3.97)	0.541 *** (5.85)	0.188 ** (2.08)	0.245 (1.46)
L1. Firmfin	1.284 *** (3.38)	1.030 ** (2.43)	0.598 (1.40)	0.024 (0.03)
L1. Firmfin × Fininter	−0.627 ** (−2.50)	−0.872 *** (−3.13)	−0.327 (−1.19)	0.207 (0.43)

	D：以资本市场发展衡量金融发展			
变量	模型 1	模型 2	模型 3	模型 4
	ln*patent_grant*	ln*ipatent_grant*	ln*upatent_grant*	ln*dpatent_grant*
L1. *Capmarket*	0.079 ***	0.141 ***	0.082 ***	0.029
	(3.53)	(5.94)	(3.39)	(0.64)
L1. *Firmfin*	0.631 ***	0.131	0.319	0.270
	(3.11)	(0.57)	(1.27)	(0.70)
L1. *Firmfin* × *Capmarket*	−0.165 **	−0.221 ***	−0.125	0.125
	(−2.23)	(−2.84)	(−1.55)	(0.86)

注：控制变量与基准模型一致，还控制了年份、行业固定效应；括号内数值为 t 值；*、**、*** 分别表示在 10%、5%、1% 的水平上显著。

6.3.2.2 替换企业金融资产配置程度指标

为了进一步证明基准模型结论的稳健性，我们采取替换企业金融资产配置程度指标的方式进行稳健性检验。在前文中，我们提到企业持有的金融资产包括货币资金、持有至到期投资、衍生金融资产、交易性金融资产、可供出售金融资产、投资性房地产，现在我们将长期股权投资也纳入企业持有的金融资产中，重新计算企业金融资产配置程度，其计算公式为：企业金融资产配置程度（*Firm_fin*）=（货币资金+持有至到期投资+衍生金融资产+交易性金融资产+可供出售金融资产+投资性房地产+长期股权投资）/企业总资产。表 6.6 汇报了替换企业金融资产配置程度指标之后企业金融资产配置对金融发展和企业创新关系影响的估计结果。从表 6.6 各栏模型 1 的结果可知，企业金融资产配置程度与金融发展规模、企业金融资产配置程度与金融发展结构、企业金融资产配置程度与金融中介发展、企业金融资产配置程度与资本市场发展的系数均显著为负，说明企业金融资产配置显著阻碍金融发展对企业专利申请总量的正向影响，这进一步表明基准模型中企业金融资产配置显著抑制金融发展对企业创新的促进作用的结论是稳健的。

表 6.6　　　　　　　　　　替换企业金融资产配置程度指标

A：以金融发展规模衡量金融发展

变量	模型 1	模型 2	模型 3	模型 4
	ln*patent_apply*	ln*ipatent_apply*	ln*upatent_apply*	ln*dpatent_apply*
*L*1. *Finscale*	0. 100 ***	0. 132 ***	0. 075 **	0. 053
	(3. 61)	(4. 65)	(2. 42)	(0. 88)
*L*1. *Firm_fin*	0. 976 ***	0. 448	0. 641 *	− 0. 047
	(3. 15)	(1. 41)	(1. 81)	(− 0. 08)
*L*1. *Firm_fin* × *Finscale*	− 0. 165 **	− 0. 092	− 0. 121	0. 147
	(− 2. 09)	(− 1. 15)	(− 1. 33)	(0. 86)

B：以金融发展结构衡量金融发展

变量	模型 1	模型 2	模型 3	模型 4
	ln*patent_apply*	ln*ipatent_apply*	ln*upatent_apply*	ln*dpatent_apply*
*L*1. *Finstruct*	0. 257 ***	0. 328 ***	0. 253 ***	0. 005
	(4. 44)	(5. 54)	(3. 90)	(0. 04)
*L*1. *Firm_fin*	0. 693 ***	0. 356 *	0. 482 **	0. 246
	(3. 56)	(1. 77)	(2. 09)	(0. 66)
*L*1. *Firm_fin* × *Finstruct*	− 0. 447 **	− 0. 325 *	− 0. 387 *	0. 403
	(− 2. 50)	(− 1. 80)	(− 1. 88)	(1. 08)

C：以金融中介发展衡量金融发展

变量	模型 1	模型 2	模型 3	模型 4
	ln*patent_apply*	ln*ipatent_apply*	ln*upatent_apply*	ln*dpatent_apply*
*L*1. *Fininter*	0. 257 ***	0. 268 ***	0. 192 **	0. 225
	(3. 12)	(3. 16)	(2. 07)	(1. 27)
*L*1. *Firm_fin*	0. 966 ***	0. 374	0. 628	0. 038
	(2. 74)	(1. 03)	(1. 57)	(0. 06)
*L*1. *Firm_fin* × *Fininter*	− 0. 409 *	− 0. 189	− 0. 298	0. 269
	(− 1. 74)	(− 0. 79)	(− 1. 12)	(0. 56)

续表

变量	D：以资本市场发展衡量金融发展			
	模型 1	模型 2	模型 3	模型 4
	ln*patent_apply*	ln*ipatent_apply*	ln*upatent_apply*	ln*dpatent_apply*
L1. *Capmarket*	0.097 ***	0.128 ***	0.095 ***	0.027
	(4.23)	(5.45)	(3.68)	(0.53)
L1. *Firm_fin*	0.619 ***	0.317 *	0.407 *	0.358
	(3.41)	(1.69)	(1.87)	(1.04)
L1. *Firm_fin* × *Capmarket*	− 0.191 ***	− 0.156 **	− 0.156 *	0.126
	(− 2.73)	(− 2.21)	(− 1.95)	(0.85)

注：控制变量与基准模型一致，还控制了年份、行业固定效应；括号内数值为 t 值；*、**、*** 分别表示在 10%、5%、1% 的水平上显著。

6.4　进一步分析和讨论

6.4.1　长短期金融资产配置的异质性

企业的投资活动有长短期之分，长短期投资在企业发展过程中扮演着不同的角色。相应地，企业投资于金融资产，开展金融资产配置活动，也有配置长短期金融资产之分。本章已经证实，企业金融资产配置显著抑制金融发展对企业创新的促进作用，那么，短期金融资产配置和长期金融资产配置在金融发展与企业创新之间的关系中发挥着同样的作用，还是不同的作用呢？本节参考黄贤环和王瑶（2019）的研究，将货币资金、交易性金融资产划分为短期金融资产，将衍生金融资产、可供出售金融资产、投资性房地产、持有至到期投资划分为长期金融资产，采用企业持有的短期金融资产与总资产的比值测度企业短期金融资产配置程度，使用企业持有的长期金融资产占总资产的比值衡量企业长期金融资产配置程度，考察长短期金融资产配置对金融发展和企业创新之间关系的影响差异。

表 6.7 详尽汇报了短期金融资产配置对金融发展和企业创新关系影响的估计结果，模型 1、模型 2、模型 3、模型 4 分别列示了短期金融资产配置对金融发展规模、金融发展结构、金融中介发展、资本市场发展和企业创新关系影响的结果。从表 6.7 各模型结果可知，企业短期金融资产配置程度与金融发展规模、金融发展结构、金融中介发展、资本市场发展交互项的系数均为负，且都在 1% 的水平上显著，表明企业短期金融资产配置显著抑制金融发展对企业创新的促进作用。表 6.8 报告了长期金融资产配置对金融发展和企业创新关系影响的估计结果，从结果中可知，企业长期金融资产配置程度与金融发展交互项的系数均为负，但不显著，这说明企业长期金融资产配置对金融发展和企业创新之间的关系不存在显著影响。这意味着，企业金融资产配置调节机制，即企业金融资产配置显著抑制金融发展对企业创新的促进作用主要是短期金融资产配置在起作用，而与长期金融资产配置没有显著关系。这可能是因为企业短期金融资产的配置对企业创新投资形成的"挤出效应"大于长期金融资产的配置，对金融发展创新效应的阻碍作用更大。

表 6.7　　短期金融资产配置对金融发展和企业创新关系的影响

变量	模型 1	模型 2	模型 3	模型 4
	ln*patent_apply*	ln*patent_apply*	ln*patent_apply*	ln*patent_apply*
L1. *Sfirmfin*	1. 327 ***	0. 812 ***	1. 477 ***	0. 725 ***
	(3. 95)	(3. 67)	(3. 88)	(3. 49)
L1. *Finscale*	0. 107 ***			
	(4. 08)			
L1. *Sfirmfin* × *Finstruct*	− 0. 238 ***			
	(− 2. 90)			
L1. *Finstruct*		0. 243 ***		
		(4. 53)		

续表

变量	模型 1	模型 2	模型 3	模型 4
	lnpatent_apply	lnpatent_apply	lnpatent_apply	lnpatent_apply
L1. Sfirmfin × Finstruct		−0.477 *** (−2.59)		
L1. Fininter			0.300 *** (3.80)	
L1. Sfirmfin × Fininter			−0.711 *** (−2.89)	
L1. Capmarket				0.088 *** (4.13)
L1. Sfirmfin × Capmarket				−0.188 *** (−2.61)
L1. lnhuman	0.208 *** (3.89)	0.189 *** (3.52)	0.239 *** (4.39)	0.192 *** (3.58)
L1. lninfrast	0.074 (1.56)	0.066 (1.51)	0.047 (1.05)	0.063 (1.42)
L1. lneconomy	−0.133 * (−1.84)	−0.133 * (−1.84)	−0.163 ** (−2.19)	−0.125 * (−1.74)
L1. lnfirmage	0.030 (0.56)	0.025 (0.46)	0.035 (0.65)	0.027 (0.51)
L1. ROA	3.808 *** (11.56)	3.809 *** (11.57)	3.814 *** (11.58)	3.810 *** (11.57)
L1. Marketpower	1.191 *** (4.76)	1.189 *** (4.76)	1.203 *** (4.81)	1.206 *** (4.82)
L1. Salegrowth	−0.058 (−1.53)	−0.059 (−1.54)	−0.058 (−1.52)	−0.058 (−1.54)
L1. Tangibility	1.269 *** (6.12)	1.257 *** (6.07)	1.253 *** (6.05)	1.258 *** (6.07)
L1. Leverage	1.104 *** (10.31)	1.100 *** (10.27)	1.109 *** (10.36)	1.098 *** (10.25)

续表

变量	模型 1	模型 2	模型 3	模型 4
	lnpatent_apply	lnpatent_apply	lnpatent_apply	lnpatent_apply
L1. lnproduct	0.271 ***	0.270 ***	0.271 ***	0.271 ***
	(7.24)	(7.21)	(7.23)	(7.26)
L1. lnfixasset	−0.198 ***	−0.195 ***	−0.197 ***	−0.197 ***
	(−5.53)	(−5.46)	(−5.52)	(−5.50)
L1. Cash_ratio	0.059	0.060	0.060	0.061
	(0.49)	(0.49)	(0.49)	(0.50)
L1. HHI	0.421	0.484	0.418	0.474
	(0.70)	(0.80)	(0.69)	(0.78)
L1. HHI_square	−0.184	−0.242	−0.183	−0.230
	(−0.38)	(−0.50)	(−0.38)	(−0.48)
_cons	−5.151 ***	−4.616 ***	−4.995 ***	−4.679 ***
	(−4.13)	(−3.77)	(−4.02)	(−3.81)
Year	Yes	Yes	Yes	Yes
Industry	Yes	Yes	Yes	Yes
N	7476	7476	7476	7476
Adjust-R^2	0.313	0.314	0.313	0.313

注：括号内数值为 t 值；*、**、*** 分别表示在 10%、5%、1% 的水平上显著。

表6.8　长期金融资产配置对金融发展和企业创新关系的影响

变量	模型 1	模型 2	模型 3	模型 4
	lnpatent_apply	lnpatent_apply	lnpatent_apply	lnpatent_apply
L1. Lfirmfin	1.230	0.503	0.999	0.437
	(1.22)	(0.87)	(0.83)	(0.90)
L1. Finscale	0.064 ***			
	(3.09)			
L1. Lfirmfin × Finscale	−0.322			
	(−1.16)			

变量	模型 1	模型 2	模型 3	模型 4
	lnpatent_apply	lnpatent_apply	lnpatent_apply	lnpatent_apply
L1. Finstruct		0.145 ***		
		(3.97)		
L1. Lfirmfin × Finstruct		−0.600		
		(−0.80)		
L1. Fininter			0.167 ***	
			(2.66)	
L1. Lfirmfin × Fininter			−0.637	
			(−0.76)	
L1. Capmarket				0.049 ***
				(3.40)
L1. Lfirmfin × Capmarket				−0.294
				(−1.02)
L1. lnhuman	0.210 ***	0.196 ***	0.236 ***	0.197 ***
	(3.93)	(3.66)	(4.33)	(3.68)
L1. lninfrast	0.077	0.063	0.054	0.060
	(1.61)	(1.43)	(1.19)	(1.35)
L1. lneconomy	−0.135 *	−0.133 *	−0.159 **	−0.126 *
	(−1.86)	(−1.84)	(−2.14)	(−1.74)
L1. lnfirmage	0.013	0.010	0.019	0.012
	(0.24)	(0.19)	(0.35)	(0.22)
L1. ROA	3.851 ***	3.856 ***	3.854 ***	3.852 ***
	(11.69)	(11.70)	(11.69)	(11.69)
L1. Marketpower	1.185 ***	1.174 ***	1.198 ***	1.188 ***
	(4.73)	(4.70)	(4.79)	(4.75)
L1. Salegrowth	−0.118 ***	−0.118 ***	−0.117 ***	−0.118 ***
	(−3.72)	(−3.72)	(−3.70)	(−3.71)
L1. Tangibility	1.166 ***	1.159 ***	1.154 ***	1.164 ***
	(5.66)	(5.62)	(5.60)	(5.64)

变量	模型 1	模型 2	模型 3	模型 4
	ln*patent_apply*	ln*patent_apply*	ln*patent_apply*	ln*patent_apply*
L1. *Leverage*	1.046 ***	1.040 ***	1.049 ***	1.039 ***
	(9.97)	(9.92)	(9.99)	(9.90)
L1. ln*product*	0.281 ***	0.279 ***	0.280 ***	0.282 ***
	(7.48)	(7.42)	(7.46)	(7.51)
L1. ln*fixasset*	−0.203 ***	−0.202 ***	−0.204 ***	−0.205 ***
	(−5.68)	(−5.64)	(−5.69)	(−5.72)
L1. *Cash_ratio*	0.296 ***	0.294 ***	0.294 ***	0.294 ***
	(3.24)	(3.22)	(3.22)	(3.22)
L1. *HHI*	0.452	0.497	0.443	0.489
	(0.75)	(0.82)	(0.73)	(0.81)
L1. *HHI_square*	−0.216	−0.261	−0.208	−0.252
	(−0.45)	(−0.54)	(−0.43)	(−0.52)
_cons	−4.960 ***	−4.500 ***	−4.782 ***	−4.550 ***
	(−3.98)	(−3.67)	(−3.85)	(−3.70)
Year	Yes	Yes	Yes	Yes
Industry	Yes	Yes	Yes	Yes
N	7476	7476	7476	7476
Adjust-R^2	0.312	0.312	0.312	0.312

注：括号内数值为 *t* 值；*、**、*** 分别表示在 10%、5%、1%的水平上显著。

6.4.2　金融资产配置与企业股权融资

本章证实企业金融资产配置显著抑制金融发展对企业创新的促进作用，而企业股权融资作为企业融资的重要模式，在金融发展过程中其重要性日益显现，在第 5 章中，我们得出金融发展通过企业股权融资机制对企业创新产生促进作用，即金融发展通过促进企业股权融资进而提升企业创新水平的结论，那么，企业金融资产配置是否影响企业股权融资与企业创新之间的关系？企业金融资产配置对企业股权融资的创新效应影响如何？在接下来的部分中，我们通过在企业股权融资影响企业创新的模型中加入企业金融资产配置程度，以及企业金融资产配置程度与企业股权融资的交互项，来考察企业金融资产配置对企业股权融资创新效应的调节作用。

表6.9详尽报告了金融资产配置对企业股权融资创新效应影响的估计结果，从结果中可知，在模型1、模型2中，企业金融资产配置程度与企业股权融资的交互项系数均显著为负，表明企业金融资产配置显著抑制企业股权融资对企业专利申请总量、发明专利申请量的促进作用；在模型3、模型4中，企业金融资产配置程度与企业股权融资的交互项系数不显著，说明企业金融资产配置对企业股权融资和企业实用新型专利申请量、外观设计专利申请量之间的关系不存在显著影响。综合来看，虽然模型3、模型4的结果不显著，但是模型1、模型2的结果足以表明，企业金融资产配置显著抑制企业股权融资对企业创新的促进作用，这说明企业金融资产配置调节机制的发挥，很重要的途径是通过占用企业股权融资获得的资金，而对企业的创新投入形成"挤出效应"。

表6.9　　　　金融资产配置对企业股权融资创新效应的影响

变量	模型 1	模型 2	模型 3	模型 4
	ln*patent_apply*	ln*ipatent_apply*	ln*upatent_apply*	ln*dpatent_apply*
L1. *Stockfin*	0.598 *** (19.23)	0.600 *** (19.00)	0.493 *** (14.79)	0.385 *** (6.15)
L1. *Firmfin*	4.886 ** (2.13)	4.217 * (1.82)	4.284 * (1.74)	− 5.736 (− 1.48)
L1. *Firmfin* × *Stockfin*	− 0.213 * (− 1.83)	− 0.200 * (− 1.70)	− 0.205 (− 1.64)	0.303 (1.55)
L1. ln*human*	0.170 *** (3.35)	0.190 *** (3.63)	0.123 ** (2.07)	− 0.160 (− 1.37)
L1. ln*infrast*	0.091 ** (2.28)	0.028 (0.68)	0.137 *** (3.02)	0.257 *** (2.98)

续表

变量	模型 1	模型 2	模型 3	模型 4
	lnpatent_apply	lnipatent_apply	lnupatent_apply	lndpatent_apply
L1. lneconomy	−0.020 (−0.30)	0.118 * (1.68)	−0.074 (−0.98)	0.165 (1.20)
L1. lnfirmage	−0.191 *** (−3.71)	−0.196 *** (−3.68)	−0.164 *** (−2.91)	−0.189 * (−1.91)
L1. ROA	2.793 *** (8.86)	2.705 *** (8.32)	2.831 *** (7.95)	2.369 *** (4.01)
L1. Marketpower	1.145 *** (4.82)	1.183 *** (4.80)	0.163 (0.48)	2.194 *** (5.12)
L1. Salegrowth	−0.024 (−0.68)	−0.058 (−1.56)	−0.037 (−0.92)	−0.057 (−0.63)
L1. Tangibility	1.237 *** (6.24)	0.689 *** (3.36)	1.004 *** (4.47)	1.830 *** (4.06)
L1. Leverage	0.514 *** (4.94)	0.678 *** (6.30)	0.710 *** (6.11)	0.102 (0.50)
L1. lnproduct	0.196 *** (5.50)	0.160 *** (4.30)	0.075 * (1.90)	0.181 *** (2.66)
L1. lnfixasset	−0.299 *** (−8.81)	−0.233 *** (−6.59)	−0.221 *** (−5.96)	−0.299 *** (−4.54)
L1. Cash_ratio	−0.048 (−0.43)	0.112 (0.98)	0.229 (1.26)	0.041 (0.14)
L1. HHI	0.249 (0.43)	1.794 *** (3.04)	1.144 * (1.86)	1.166 (1.19)
L1. HHI_square	−0.095 (−0.21)	−1.045 ** (−2.21)	−0.861 * (−1.75)	−0.840 (−1.09)
_cons	−14.050 *** (−10.84)	−15.540 *** (−10.23)	−9.307 *** (−7.76)	−9.184 *** (−4.05)
Year	Yes	Yes	Yes	Yes
Industry	Yes	Yes	Yes	Yes
N	7476	6643	5689	2395
Adjust-R^2	0.381	0.351	0.387	0.408

注：括号内数值为 t 值；* 、** 、*** 分别表示在 10% 、5% 、1% 的水平上显著。

6.5 本章小结

本章运用调节效应模型实证检验企业金融资产配置调节机制，分析企业金融资产配置对金融发展和企业创新之间关系的调节效应。我们发现，第一，企业金融资产配置显著抑制金融发展对企业创新的促进作用，对金融发展和企业创新之间的关系具有显著的负向调节效应，随着企业金融资产配置程度的提升，金融发展对企业创新的促进作用减弱，也就是说企业金融资产配置机制是一种调节机制，这种调节机制削弱了金融发展对企业创新的促进作用。第二，企业短期金融资产配置显著抑制金融发展对企业创新的促进作用，而长期金融资产配置对金融发展和企业创新之间的关系不存在显著影响，这表明企业金融资产配置调节机制主要是短期金融资产配置在起作用，而与长期金融资产配置没有显著关系。第三，企业金融资产配置显著抑制企业股权融资对企业创新的促进作用，这说明企业金融资产配置调节机制的发挥，很重要的途径是通过占用企业股权融资获得的资金，而对企业的创新投入形成"挤出效应"。

第 7 章

金融发展创新效应的再审视：基于企业异质性和创新质量的视角

7.1 金融发展对企业创新的异质性影响

新古典经济学厂商理论在其假设条件下，抽象化了企业性质和行为，把企业视为同质的以追求利润最大化为目标的专业化生产者（白永秀和赵勇，2005），即假设企业之间是同质的。基于企业同质性假设，大多数主流经济理论把企业视作既定技术条件下的最优化生产者，其发展和生命周期取决于外生条件，其行为具有同质性。而在现实经济生活中，作为历史发展的有机体与内在知识和能力积累的结果，企业却是异质的，企业的异质性具体体现为核心知识和能力的价值性与非竞争性，也就是说，企业内在知识和能力积累是企业竞争行为或战略选择的凭据（刘刚，2002）。通俗地讲，企业异质性就是企业在规模、资本密集度、行业属性、所有权、组织方式、设立年份等方面的差异，综合表现为企业生产率差异。异质性企业理论的代表性成果，当属梅利兹（Melitz，2003）提出的异质性企业贸易理论，其基于企业异质性假设，解释了为何有的企业能出口而有的企业不能出口。

根据异质性企业理论，企业异质性会影响企业的决策行为和绩效表现，而研发创新活动作为企业的核心投资项目和生产的重要方面，关系到企业的长远发展和市场竞争力，其创新绩效关乎企业总体绩效的表现，因此，企业创新绩效也必然会受到企业异质性的影响，企业创新的绩效表现会由于企业的异质性而有所差异（赵伟等，2012；易靖韬等，2015；马永强和路媛媛，2019；陈经伟和姜能鹏，2020）。本书第 4 章通过实证检验金融发展与微观企业创新之间的关系，已经证实金融发展对企业创新具有显著的促进作用。那么，企业异质性是否会影响金融发展对企业创新的促进作用？金融发展对异质性企业创新的影响是否存在差异？本章将基于企业异质性视角，重新审视金融发展的创新效应，考察金融发展对企业创新的异质性影响，分析金融发展对企业创新影响的异质性效应，分别从所有权异质性、行业属性异质性、地区异质性、规模异质性层面分析金融发展对企业创新的影响差异。

7.1.1　所有权异质性

国有企业与非国有企业在我国社会主义市场经济发展过程中，分别扮演着重要角色。国有企业在关系国家安全和国民经济命脉的主要行业占据着主导地位，长期以来，为我国经济社会发展、国防建设、科技进步、民生改善作出了卓越的贡献，在实现国家经济发展战略、平抑经济周期影响等方面发挥着不可替代的作用。而非国有企业在创造就业岗位、增加国家税收、提升经济活力、承担社会责任等方面具有积极作用。国有企业在融资方面具有天然的优势，银行等金融机构通过实施"利率双轨制"和"所有制歧视"，使得国有企业更容易获得信贷资金，而包括民营企业在内的非国有企业却在信贷市场上处于劣势地位，也就是说，国有企业和非国有企业在融资方面存在着差异。而企业融资又会对企业的创新投资产生影响，进而造成国有企业与非国有企业的创新绩效差异。而随着金融发展，金融市场上的信贷资金增多，企业融资渠道更为顺畅，金融发展能否改善非国有企业在融资方面的不利地位，能否改变国有企业和非国有企业在融资方面的差异，进而改变二者在技术创新方面的差异，这是值得探讨的问题。因此，我们有必要基于所有权异质性视角，考察金融发展对国有企业和非国有企业创新的异质性影响，分析金融发展对企业创新影响的所有权异质性效应。

7.1.1.1　模型设定

为了考察金融发展对国有企业和非国有企业创新的异质性影响，根据上市企业实际控制人属性将样本划分为国有企业和非国有企业两种类型，设置国有企业 0－1 类别变量（*SOE*），通过在金融发展对企业创新影响的基准模型中引入国有企业类别变量，以及国有企业类别变量与金融发展的交互项，建构计量模型如下所示：

$$Innovation_{i,t} = \alpha_0 + \alpha_1 Finance_{i,t-1} + \alpha_2 SOE_{i,t-1} + \alpha_3 SOE_{i,t-1}$$
$$\times Finance_{i,t-1} + \gamma Controls_{i,t-1} + Industry + Year + \varepsilon_{i,t}$$

$$(7.1)$$

其中，i 代表企业，t 代表年份，*Finance* 代表金融发展，*Innovation* 表示企业创新，*SOE* 表示国有企业类别变量，α_0 为常数项，α_1 为金融发展的系数，*Controls* 为一系列影响企业创新的控制变量，ε 表示随机扰动项。*Industry*、*Year* 分别表示企业所属行业固定效应、年份固定效应，在回归模型中对这两种固定效应均进行控制。考虑到企业开展研发活动是一个漫长的过程，从研发投入到专利产出需要较长时间，导致解释变量和控制变量对企业创新的影响存在一定的时滞，因此，对解释变量和控制变量均进行滞后一期处理（虞义华等，2018）。

7.1.1.2　实证结果与分析

为了验证金融发展对国有企业和非国有企业创新的异质性影响，对式（7.1）进行回归。表7.1报告了金融发展对所有权异质性企业创新影响的估计结果，由于篇幅限制，本表只列出了金融发展、国有企业类别变量和国有企业类别变量与金融发展交互项对企业创新影响的结果。从表7.1A栏模型1的结果可知，国有企业类别变量与金融发展规模交互项的估计系数为0.057，且在5%的水平上显著，表明相较于非国有企业，金融发展规模的扩大对国有企业专利申请总量的正向影响更显著；由表7.1A栏模型2的结果可知，国有企业类别变量与金融发展规模交互项的估计系数为0.078，且在1%的水平上显著，表明相较于非国有企业，金融发展规模的扩大对国有企业发明专利申请量的促进作用更明显；由表7.1A栏模型3的结果可知，国有企业类别变量与金融发展规模交互项的估计系数为0.070，且在1%的水平上显著，说明相对于非国有企业，金融发展规模的扩大对国有企业实用新型专利申请量的促进作用更明显；由表7.1A栏模型4的结果可知，国有企业类别变量与金融发展规模交互项的估计系数为0.102，且在5%的水平上显著，这意味着相较于非国有企业，金融发展规模的扩大对国有企业外观设计专利申请量的促进效应更加显著。总之，相较于非国有企业，金融发展规模的扩大对国有企业创新的促进作用更加明显。

表7.1   **金融发展对所有权异质性企业创新的影响**

A：以金融发展规模为金融发展的代理变量

变量	模型 1	模型 2	模型 3	模型 4
	ln$patent\_apply$	ln$ipatent\_apply$	ln$upatent\_apply$	ln$dpatent\_apply$
L1. Finscale	0.032	0.072 ***	0.009	0.057
	（1.37）	（2.99）	（0.35）	（1.27）
L1. SOE	0.040	0.047	−0.052	−0.118
	（0.48）	（0.55）	（−0.55）	（−0.75）
L1. SOE × Finscale	0.057 **	0.078 ***	0.070 ***	0.102 **
	（2.38）	（3.19）	（2.64）	（2.23）

续表

B：以金融发展结构为金融发展的代理变量			
变量	模型1	模型2	模型3	模型4
	ln*patent_apply*	ln*ipatent_apply*	ln*upatent_apply*	ln*dpatent_apply*
L1. Finstruct	0.051	0.153 ***	0.034	− 0.008
	(1.07)	(3.16)	(0.61)	(− 0.09)
L1. SOE	0.147 ***	0.216 ***	0.072	0.068
	(3.12)	(4.47)	(1.39)	(0.75)
L1. SOE × Finstruct	0.125 **	0.121 **	0.175 ***	0.221 **
	(2.27)	(2.15)	(2.78)	(2.13)
C：以金融中介发展为金融发展的代理变量			
变量	模型1	模型2	模型3	模型4
	ln*patent_apply*	ln*ipatent_apply*	ln*upatent_apply*	ln*dpatent_apply*
L1. Fininter	0.105	0.141 **	0.052	0.232 *
	(1.52)	(1.99)	(0.66)	(1.74)
L1. SOE	0.025	0.010	− 0.055	− 0.122
	(0.26)	(0.09)	(− 0.51)	(− 0.67)
L1. SOE × Fininter	0.155 **	0.227 ***	0.180 **	0.260 *
	(2.19)	(3.12)	(2.29)	(1.93)
D：以资本市场发展为金融发展的代理变量			
变量	模型1	模型2	模型3	模型4
	ln*patent_apply*	ln*ipatent_apply*	ln*upatent_apply*	ln*dpatent_apply*
L1. Capmarket	0.004	0.043 **	0.002	0.014
	(0.23)	(2.22)	(0.09)	(0.40)
L1. SOE	0.162 ***	0.229 ***	0.100 **	0.112
	(3.85)	(5.26)	(2.16)	(1.40)
L1. SOE × Capmarket	0.059 ***	0.059 ***	0.074 ***	0.082 **
	(2.71)	(2.66)	(2.98)	(2.01)

注：控制变量与基准模型一致，还控制了年份、行业固定效应；括号内数值为 t 值；*、**、*** 分别表示在10%、5%、1%的水平上显著。

由表7.1B栏模型1的结果可知，国有企业类别变量与金融发展结构交互项的系数为0.125，且在5%的水平上显著，表明相较于非国有企业，金融发展结构的改善对国有企业专利申请总量的促进作用更显著；由表7.1B栏模型2的结果可知，国有企业类别变量与金融发展结构交互项的系数为0.121，且在5%的水平上显著，表明相较于非国有企业，金融发展结构的改善对国有企业发明专利申请量的正向影响更明显；由表7.1B栏模型3的结果可知，国有企业类别变量与金融发展结构交互项的系数为0.175，且在1%的水平上显著，说明相对于非国有企业，金融发展结构的改善对国有企业实用新型专利申请量的促进效应更明显；由表7.1B栏模型4的结果可知，国有企业类别变量与金融发展结构交互项的系数为0.221，且在5%的水平上显著，这意味着相较于非国有企业，金融发展结构的改善对国有企业外观设计专利申请量的促进作用更加显著。综上所述，与非国有企业相比，金融发展结构的改善对国有企业创新的促进作用更加显著。

由表7.1C栏模型1的结果可知，国有企业类别变量与金融中介发展交互项的估计系数为0.155，且在5%的水平上显著，表明相较于非国有企业，金融中介发展对国有企业专利申请总量的正向作用更显著；由表7.1C栏模型2的结果可知，国有企业类别变量与金融中介发展交互项的估计系数为0.227，且在1%的水平上显著，表明相较于非国有企业，金融中介发展对国有企业发明专利申请量的促进效应更明显；由表7.1C栏模型3的结果可知，国有企业类别变量与金融中介发展交互项的估计系数为0.180，且在5%的水平上显著，说明相对于非国有企业，金融中介发展对国有企业实用新型专利申请量的促进作用更明显；由表7.1C栏模型4的结果可知，国有企业类别变量与金融中介发展交互项的估计系数为0.260，且在10%的水平上显著，这意味着相较于非国有企业，金融中介发展对国有企业外观设计专利申请量的促进作用更加显著。总之，相较于非国有企业，金融中介发展对国有企业创新的促进作用更加明显。

由表7.1D栏模型1的结果可知，国有企业类别变量与资本市场发展交互项的系数为0.059，且在1%的水平上显著，这意味着相较于非国有企业，资本市场发展对国有企业专利申请总量的促进作用更显著；

由表 7.1D 栏模型 2 的结果可知，国有企业类别变量与资本市场发展交互项的系数为 0.059，且在 1% 的水平上显著，表明相较于非国有企业，资本市场发展对国有企业发明专利申请量的正向影响更明显；由表 7.1D 栏模型 3 的结果可知，国有企业类别变量与资本市场发展交互项的系数为 0.074，且在 1% 的水平上显著，说明相对于非国有企业，资本市场发展对国有企业实用新型专利申请量的促进效应更明显；由表 7.1D 栏模型 4 的结果可知，国有企业类别变量与资本市场发展交互项的系数为 0.082，且在 5% 的水平上显著，表明相较于非国有企业，资本市场发展对国有企业外观设计专利申请量的促进作用更加明显。总之，与非国有企业相比，资本市场发展对国有企业创新的正向作用更加显著。

综上所述，与非国有企业相比，金融发展规模、金融发展结构、金融中介发展和资本市场发展均对国有企业创新的正向影响更明显，也就是说，金融发展对国有企业创新的促进作用更加明显，金融发展对企业创新的影响存在所有权异质性效应。这可能是由于金融发展并未改变非国有企业在创新融资方面的劣势地位，国有企业和非国有企业在创新融资方面的差异依然存在。

7.1.2 行业属性异质性

根据企业行业属性划分，可以将企业划分为高科技企业和一般企业。高科技企业是知识密集、技术密集的经济实体，其以技术创新为第一要务，在企业生产经营过程中进行大规模研发投入，持续开展研发活动和技术成果转化，通过拥有核心自主知识产权参与市场竞争，以在激烈的市场竞争中摄取高额利润。在通常情况下，高科技企业的研发人员在企业员工中的比例较高，其对研发创新人才也给予极高的重视程度，拥有较为齐全的人才配套福利制度，因此，高科技企业对创新人才也具有巨大的吸引力。可以说，高科技企业存在的前提就是实施技术创新，没有技术的发明创造，高科技企业就失去了存在的基础。一般企业与高科技企业相比，研发资金有限，研发投入相对较少，技术创新基础较为薄弱，对于创新人才的吸引力有限，其并不一定视技术创新为企业发展的决定因素。一般企业的业务组成和生产经营方式与高科技企业相比存在较大差别，在企业成长性和发展前景方面，均弱于高科技企业。总之，在技术创新方面，高科技企业与一般企业相比拥有较大的优势，高科技企业与一般企业的创新绩效可能存在差异。在接下来的研究中，我们将基于行业属性异质性视角，考察金融发展对高科技企业和一般企业创新的异质性影响，分析金融发展对企业创新影响的行业属性异质性效应。

7.1.2.1　模型设定

为了考察金融发展对高科技企业和一般企业创新的异质性影响，本节按照企业所属行业将样本划分为高科技企业和一般企业，定义高科技企业 0 – 1 类别变量（$Hightech$），通过在基准模型中加入高科技企业类别变量和高科技企业类别变量与金融发展的交互项，建构计量模型如下所示：

$$Innovation_{i,t} = \beta_0 + \beta_1 Finance_{i,t-1} + \beta_2 Hightech_{i,t-1} + \beta_3 Hightech_{i,t-1}$$
$$\times Finance_{i,t-1} + \theta\, Controls_{i,t-1} + Industry + Year + \varepsilon_{i,t}$$

$$(7.2)$$

其中，i 代表企业，t 代表年份，$Finance$ 代表金融发展，$Innovation$ 表示企业创新，$Hightech$ 表示高科技企业类别变量，β_0 为常数项，β_1 为金融发展的系数，$Controls$ 为一系列影响企业创新的控制变量，ε 表示随机扰动项。$Industry$、$Year$ 分别表示企业所属行业固定效应、年份固定效应，在回归模型中对这两种固定效应均进行控制。考虑到企业开展研发活动是一个漫长的过程，从研发投入到专利产出需要较长时间，导致解释变量和控制变量对企业创新的影响存在一定的时滞，因此，对解释变量和控制变量均进行滞后一期处理。

7.1.2.2   实证结果与分析

为了验证金融发展对高科技企业和一般企业创新的异质性影响，对式（7.2）进行回归。表7.2报告了金融发展对行业属性异质性企业创新影响的回归结果，由于篇幅限制，只列出了金融发展、高科技企业类别变量，以及高科技企业类别变量与金融发展交互项对企业创新影响的结果。从表7.2A栏模型1的结果可知，高科技企业类别变量与金融发展规模交互项的系数为 -0.136，且在1%的水平上显著，这表明相较于高科技企业，金融发展规模的扩大对一般企业专利申请总量的正向影响更显著；从表7.2A栏模型2的结果可知，高科技企业类别变量与金融发展规模交互项的系数为 -0.109，且在1%的水平上显著，说明相较于高科技企业，金融发展规模的扩大对一般企业发明专利申请量的促进作用更明显；从表7.2A栏模型3的结果可知，高科技企业类别变量与金融发展规模交互项的系数为 -0.075，且在5%的水平上显著，说明相对于高科技企业，金融发展规模的扩大对一般企业实用新型专利申请量的促进作用更明显；从表7.2A栏模型4的结果可知，高科技企业类别变量与金融发展规模交互项的系数为 -0.133，且在1%的水平上显著，表明相较于高科技企业，金融发展规模的扩大对一般企业外观设计专利申请量的促进效应更显著。总之，相较于高科技企业，金融发展规模的扩大对一般企业创新的促进作用更加明显。

表7.2　　　　　　**金融发展对行业属性异质性企业创新的影响**

变量	A：以金融发展规模为金融发展的代理变量			
	模型 1	模型 2	模型 3	模型 4
	ln$patent\_apply$	ln$ipatent\_apply$	ln$upatent\_apply$	ln$dpatent\_apply$
L1. Finscale	0.120 ***	0.159 ***	0.072 ***	0.156 ***
	(5.18)	(6.63)	(2.87)	(3.30)
L1. Hightech	1.988 **	1.180	−0.056	0.544
	(2.24)	(0.99)	(−0.12)	(0.43)

A：以金融发展规模为金融发展的代理变量			
变量	模型 1	模型 2	模型 3	模型 4
	lnpatent_apply	lnipatent_apply	lnupatent_apply	lndpatent_apply
L1. Hightech × Finscale	−0.136 *** (−5.47)	−0.109 *** (−4.24)	−0.075 ** (−2.55)	−0.133 *** (−2.83)

B：以金融发展结构为金融发展的代理变量			
变量	模型 1	模型 2	模型 3	模型 4
	lnpatent_apply	lnipatent_apply	lnupatent_apply	lndpatent_apply
L1. Finstruct	0.300 *** (6.66)	0.389 *** (8.39)	0.228 *** (4.82)	0.232 *** (2.70)
L1. Hightech	1.720 * (1.94)	0.973 (0.82)	−0.182 (−0.40)	0.277 (0.22)
L1. Hightech × Finstruct	−0.325 *** (−5.80)	−0.288 *** (−5.04)	−0.189 *** (−2.94)	−0.259 ** (−2.43)

C：以金融中介发展为金融发展的代理变量			
变量	模型 1	模型 2	模型 3	模型 4
	lnpatent_apply	lnipatent_apply	lnupatent_apply	lndpatent_apply
L1. Fininter	0.280 *** (4.14)	0.307 *** (4.39)	0.177 ** (2.38)	0.481 *** (3.52)
L1. Hightech	1.983 ** (2.23)	1.136 (0.95)	−0.043 (−0.09)	0.623 (0.50)
L1. Hightech × Fininter	−0.328 *** (−4.42)	−0.224 *** (−2.95)	−0.189 ** (−2.16)	−0.428 *** (−3.11)

D：以资本市场发展为金融发展的代理变量			
变量	模型 1	模型 2	模型 3	模型 4
	lnpatent_apply	lnipatent_apply	lnupatent_apply	lndpatent_apply
L1. Capmarket	0.118 *** (6.50)	0.152 *** (8.17)	0.088 *** (4.68)	0.111 *** (3.21)
L1. Hightech	1.686 * (1.91)	0.949 (0.80)	−0.212 (−0.46)	0.228 (0.18)
L1. Hightech × Capmarket	−0.139 *** (−6.32)	−0.124 *** (−5.55)	−0.085 *** (−3.37)	−0.105 ** (−2.50)

注：控制变量与基准模型一致，还控制了年份、行业固定效应；括号内数值为 t 值；*、**、*** 分别表示在10%、5%、1%的水平上显著。

由表 7.2B 栏模型 1 的结果可知，高科技企业类别变量与金融发展结构交互项的系数为 −0.325，且在 1% 的水平上显著，表明相较于高科技企业，金融发展结构的改善对一般企业专利申请总量的促进作用更显著；由表 7.2B 栏模型 2 的结果可知，高科技企业类别变量与金融发展结构交互项的系数为 −0.288，且在 1% 的水平上显著，表明相较于高科技企业，金融发展结构的改善对一般企业发明专利申请量的正向作用更明显；由表 7.2B 栏模型 3 的结果可知，高科技企业类别变量与金融发展结构交互项的系数为 −0.189，且在 1% 的水平上显著，说明相对于高科技企业，金融发展结构的改善对一般企业实用新型专利申请量的促进效应更明显；由表 7.2B 栏模型 4 的结果可知，高科技企业类别变量与金融发展结构交互项的系数为 −0.259，且在 5% 的水平上显著，这意味着相较于高科技企业，金融发展结构的改善对一般企业外观设计专利申请量的正向影响更明显。综上所述，与高科技企业相比，金融发展结构的改善对一般企业创新的促进作用更加显著。

由表 7.2C 栏模型 1 的结果可知，高科技企业类别变量与金融中介发展交互项的系数为 −0.328，且在 1% 的水平上显著，表明相较于高科技企业，金融中介发展对一般企业专利申请总量的促进作用更显著；由表 7.2C 栏模型 2 的结果可知，高科技企业类别变量与金融中介发展交互项的系数为 −0.224，且在 1% 的水平上显著，这意味着相较于高科技企业，金融中介发展对一般企业发明专利申请量的促进效应更明显；由表 7.2C 栏模型 3 的结果可知，高科技企业类别变量与金融中介发展交互项的系数为 −0.189，且在 5% 的水平上显著，说明相对于高科技企业，金融中介发展对一般企业实用新型专利申请量的促进效应更明显；由表 7.2C 栏模型 4 的结果可知，高科技企业类别变量与金融中介发展交互项的系数为 −0.428，且在 1% 的水平上显著，这意味着相较于高科技企业，金融中介发展对一般企业外观设计专利申请量的促进作用更明显。总之，相较于高科技企业，金融中介发展对一般企业创新的正向作用更加明显。

由表 7.2D 栏模型 1 的结果可知，高科技企业类别变量与资本市场发

展交互项的系数为 −0.139，且在 1% 的水平上显著，这意味着相较于高科技企业，资本市场发展对一般企业专利申请总量的促进作用更显著；由表 7.2D 栏模型 2 的结果可知，高科技企业类别变量与资本市场发展交互项的系数为 −0.124，且在 1% 的水平上显著，这意味着，相较于高科技企业，资本市场发展对一般企业发明专利申请量的正向影响更明显；由表 7.2D 栏模型 3 的结果可知，高科技企业类别变量与资本市场发展交互项的系数为 −0.085，且在 1% 的水平上显著，表明相对于高科技企业，资本市场发展对一般企业实用新型专利申请量的促进效应更明显；由表 7.2D 栏模型 4 的结果可知，高科技企业类别变量与资本市场发展交互项的系数为 −0.105，且在 5% 的水平上显著，表明相较于高科技企业，资本市场发展对一般企业外观设计专利申请量的促进作用更显著。总之，与高科技企业相比，资本市场发展对一般企业创新的正向作用更加显著。

综上所述，与高科技企业相比，金融发展规模、金融发展结构、金融中介发展和资本市场发展均对一般企业创新的促进效应更明显，也就是说金融发展对一般企业创新的促进作用更加明显，金融发展对企业创新的影响具有行业属性异质性效应。这可能是由于高科技企业以技术创新作为生产经营的第一要务，发展潜力较大，成长性也较高，其本身就能吸引较多资金投入研发创新活动，因而在高科技企业中，金融发展对技术创新的推动作用不那么明显。反而在一般企业中，金融发展缓解了其融资约束，使其研发投入增加，因此，金融发展更有利于一般企业的技术创新。

7.1.3 地区异质性

改革开放以来，虽然我国经济发展取得巨大成就，但是，在区域经济发展不平衡问题上表现较为突出。长期以来，在国家鼓励东部地区率先发展的政策优势下，包括设立经济特区、经济技术开发区、沿海经济开放区等一系列政策措施，东部地区依托地理区位和交通条件优势，经济发展持续快速增长，在我国经济起飞过程中一直居于"龙头"地位。而中西部地区相较而言处于落后地位，在人民生活水平、基础设施建设、产业发展、城镇化进程等方面均落后于东部地区。近年来，在经济新常态和经济高质量发展背景下，我国经济发展进入转变增长方式、优化产业结构、供给侧结构性改革的攻坚期，东部地区通过强化自主创新能力建设、推动产学研协同创新等方式，积极主动推进创新发展，在全国承担起了科技创新"领头羊"的作用，成为诸多领域改革的"试验田"和"示范区"，在全国创新发展大局中发挥着重要的辐射带动作用。在技术创新方面，东部地区企业依托东部地区雄厚的技术创新基础、较为健全的创新基础设施和创新系统、优越的人才配套政策，具有较大的优势。而中西部地区技术创新基础薄弱、创新基础设施不完备，在吸引人才方面处于劣势地位，中西部地区企业在技术创新方面不占优势。总之，东部地区企业在技术创新方面比中西部地区企业更有优势，因此，中西部地区企业与东部地区企业在创新水平方面可能存在差异。本节将在企业地区异质性视角下，考察金融发展对东部地区和中西部地区企业创新的异质性影响，分析金融发展对企业创新影响的地区异质性效应。

7.1.3.1 模型设定

为了考察金融发展对东部地区和中西部地区企业创新的异质性影响，本节按照企业所在地区将企业样本划分为东部地区企业和中西部地区企业①，定义东部地区企业 $0-1$ 指示变量（$Eastregion$），通过在金融发展对企业创新影响的基准模型中引入东部地区企业类别变量和东部地区企业类别变量与金融发展的交互项，构建计量模型如下所示：

$$Innovation_{i,t} = \sigma_0 + \sigma_1 Finance_{i,t-1} + \sigma_2 Eastregion_{i,t-1} + \sigma_3 Eastregion_{i,t-1}$$

---

① 东部地区包括北京市、天津市、河北省、辽宁省、上海市、江苏省、浙江省、福建省、山东省、广东省和海南省，中西部地区包括山西省、吉林省、黑龙江省、安徽省、江西省、河南省、湖北省、湖南省、四川省、重庆市、贵州省、云南省、西藏自治区、陕西省、甘肃省、青海省、宁夏回族自治区、新疆维吾尔自治区、广西壮族自治区和内蒙古自治区。

$$\times Finance_{i,t-1} + \varphi\, Controls_{i,t-1} + Industry + Year + \varepsilon_{i,t}$$

$$(7.3)$$

其中，i 代表企业，t 代表年份，$Finance$ 代表金融发展，$Innovation$ 表示企业创新，$Eastregion$ 代表东部地区企业类别变量，σ_0 为常数项，σ_1 为金融发展的系数，$Controls$ 为一系列影响企业创新的控制变量，ε 表示随机扰动项。$Industry$、$Year$ 分别表示企业所属行业固定效应、年份固定效应，在回归模型中对这两种固定效应均进行控制。考虑到企业开展研发活动是一个漫长的过程，从研发投入到专利产出需要较长时间，导致解释变量和控制变量对企业创新的影响存在一定的时滞，因此，对解释变量和控制变量均进行滞后一期处理。

7.1.3.2 实证结果与分析

为了检验金融发展对东部地区和中西部地区企业创新的异质性影响，对式（7.3）进行回归。表 7.3 报告了金融发展对地区异质性企业创新影响的估计结果，由于篇幅限制，只列出了金融发展、东部地区企业类别变量，以及东部地区企业类别变量与金融发展交互项对企业创新影响的结果。从表 7.3A 栏模型 1 的结果可知，东部地区企业类别变量与金融发展规模交互项的系数为 -0.141，且在 5% 的水平上显著，这表明相较于东部地区企业，金融发展规模的扩大对中西部地区企业专利申请总量的正向影响更显著；从表 7.3A 栏模型 2 的结果可知，东部地区企业类别变量与金融发展规模交互项的系数为 -0.194，且在 1% 的水平上显著，说明相较于东部地区企业，金融发展规模的扩大对中西部地区企业发明专利申请量的促进作用更明显；从表 7.3A 栏模型 3 的结果可知，东部地区企业类别变量与金融发展规模交互项的系数为 -0.007，但不显著；从表 7.3A 栏模型 4 的结果可知，东部地区企业类别变量与金融发展规模交互项的系数为 -0.230，且在 5% 的水平上显著，意味着相较于东部地区企业，金融发展规模的扩大对中西部地区企业外观设计专利申请量的促进效应更显著。总之，相较于东部地区企业，金融发展规模的扩大对中西部地区企业创新的促进作用更加明显。

表7.3　　　　　　金融发展对地区异质性企业创新的影响

A：以金融发展规模为金融发展的代理变量

变量	模型1	模型2	模型3	模型4
	ln$patent\_apply$	ln$ipatent\_apply$	ln$upatent\_apply$	ln$dpatent\_apply$
L1. *Finscale*	0.185 ***	0.282 ***	0.055	0.299 ***
	(3.33)	(4.89)	(0.86)	(2.90)
L1. *Eastregion*	0.227	0.391 ***	−0.096	0.186
	(1.56)	(2.59)	(−0.58)	(0.69)
L1. *Eastregion* × *Finscale*	−0.141 **	−0.194 ***	−0.007	−0.230 **
	(−2.41)	(−3.19)	(−0.11)	(−2.14)

B：以金融发展结构为金融发展的代理变量

变量	模型1	模型2	模型3	模型4
	ln$patent\_apply$	ln$ipatent\_apply$	ln$upatent\_apply$	ln$dpatent\_apply$
L1. *Finstruct*	0.182	0.476 **	−0.069	−0.513
	(0.87)	(2.23)	(−0.24)	(−1.31)
L1. *Eastregion*	−0.047	0.071	−0.141	−0.446 ***
	(−0.56)	(0.83)	(−1.36)	(−2.93)
L1. *Eastregion* × *Finstruct*	−0.048	−0.241	0.223	0.627
	(−0.23)	(−1.11)	(0.77)	(1.59)

C：以金融中介发展为金融发展的代理变量

变量	模型1	模型2	模型3	模型4
	ln$patent\_apply$	ln$ipatent\_apply$	ln$upatent\_apply$	ln$dpatent\_apply$
L1. *Fininter*	0.458 ***	0.634 ***	0.143	0.704 ***
	(3.74)	(4.98)	(1.01)	(3.10)
L1. *Eastregion*	0.228 *	0.412 ***	−0.123	0.069
	(1.66)	(2.89)	(−0.80)	(0.27)
L1. *Eastregion* × *Fininter*	−0.355 ***	−0.501 ***	−0.000	−0.455 *
	(−2.71)	(−3.68)	(−0.00)	(−1.88)

续表

变量	D：以资本市场发展为金融发展的代理变量			
	模型 1	模型 2	模型 3	模型 4
	ln$patent\_apply$	ln$ipatent\_apply$	ln$upatent\_apply$	ln$dpatent\_apply$
L1. $Capmarket$	0.437 ** (2.11)	0.847 *** (3.93)	0.045 (0.18)	−0.033 (−0.08)
L1. $Eastregion$	0.030 (0.38)	0.186 ** (2.24)	−0.086 (−0.94)	−0.307 ** (−2.03)
L1. $Eastregion$ × $Capmarket$	−0.394 * (−1.90)	−0.764 *** (−3.54)	0.008 (0.03)	0.087 (0.21)

注：控制变量与基准模型一致，还控制了年份、行业固定效应；括号内数值为 t 值；*、**、*** 分别表示在10%、5%、1%的水平上显著。

由表7.3B栏各模型的结果可知，东部地区企业类别变量与金融发展结构交互项的系数均不显著。由表7.3C栏模型1的结果可知，东部地区企业类别变量与金融中介发展交互项的系数为 −0.355，且在1%的水平上显著，表明相较于东部地区企业，金融中介发展对中西部地区企业专利申请总量的正向作用更显著；由表7.3C栏模型2的结果可知，东部地区企业类别变量与金融中介发展交互项的系数为 −0.501，且在1%的水平上显著，这意味着相较于东部地区企业，金融中介发展对中西部地区企业发明专利申请量的促进作用更显著；由表7.3C栏模型3的结果可知，东部地区企业类别变量与金融中介发展交互项的系数为 −0.000，但不显著。由表7.3C栏模型4的结果可知，东部地区企业类别变量与金融中介发展交互项的系数为 −0.455，且在10%的水平上显著，表明相较于东部地区企业，金融中介发展对中西部地区企业外观设计专利申请量的促进作用更明显。总之，相较于东部地区企业，金融中介发展对中西部地区企业创新的正向促进作用更加明显。

由表7.3D栏模型1的结果可知，东部地区企业类别变量与资本市场发展交互项的系数为 −0.394，且在10%的水平上显著，这意味着相较于东部地区企业，资本市场发展对中西部地区企业专利申请总量的促进作用更显著；由表 7.3D 栏模型 2 的结果可知，东部地区企业类别变量与资本市场发展交互项的系数为 -0.764，且在 1% 的水平上显著，说明相较于东部地区企业，资本市场发展对中西部地区企业发明专利申请量的正向影响更明显；由表 7.3D 栏模型 3、模型 4 的结果可知，东部地区企业类别变量与资本市场发展交互项的系数均不显著。总之，与东部地区企业相比，资本市场发展对中西部地区企业创新的促进作用更加显著。

综上所述，与东部地区企业相比，金融发展规模、金融中介发展和资本市场发展均对中西部地区企业创新的促进作用更加明显，也就是说金融发展对中西部地区企业创新的正向影响更加显著，金融发展对企业创新的影响具有地区异质性效应。这可能是由于与东部地区企业相比，中西部地区企业研发创新资金缺口较大，而金融发展减轻了其融资约束，使其能够筹集到更多研发创新活动所需资金，促进了中西部地区企业创新。因此，金融发展对中西部地区企业创新的推动作用更大。

7.1.4　规模异质性

不同规模企业在生产经营方式、融资渠道、市场竞争力等方面存在显著区别。大型企业相对于中小型企业，在技术创新方面具有显著优势。首先，大型企业具有更加充裕的资金，能够负担高额的研发支出，以保障企业持续开展创新活动，另外，由于研发创新活动具有高风险性、不确定性、长周期性等特征，一旦创新失败，企业将承担巨大的损失，而大型企业相较于中小型企业拥有更强的抗风险能力。其次，大型企业在研发人员数量、知识储备、专利产出、创新设施、产学研协同创新等方面具有中小型企业无可比拟的优势，而这些创新要素构成了企业技术创新的基础，是企业能否创新成功的决定性因素。最后，我国大型企业是高端装备制造业、新材料、生物医药、集成电路、新能源汽车等关键科技领域技术创新的主要力量。当前，我国正处于产业结构调整、优化产业布局、转变经济发展方式的攻坚期，需要深入实施创新驱动发展战略，以技术创新引领经济社会高质量发展，这就必须进一步增强大型企业在国家创新进程中的主体地位，加大对大型企业技术创新的支持力度。因此，大型企业在技术创新方面更易获得政府支持，包括资金支持和政策支持，这推动了大型企业创新绩效的提升，而中小型企业不易获得政府支持。综上所述，相较于中小型企业，大型企业在技术创新方面具有优势，大型企业与中小型企业存在创新绩效差异。本节将基于企业规模异质性视角，考察金融发展对大型企业和中小型企业创新的影响差异，探索金融发展对企业创新影响的规模异质性效应。

7.1.4.1 模型设定

为了考察金融发展对大型企业和中小型企业创新的异质性影响，根据企业营业收入是否超过当年所在行业营业收入的中位数，将样本划分为大型企业和中小型企业，定义大型企业 0 – 1 类别变量（*Largeen*），通过在金融发展影响企业创新的基准模型中加入大型企业类别变量和大型企业类别变量与金融发展的交互项，建构计量模型如下所示：

$$Innovation_{i,t} = \lambda_0 + \lambda_1 Finance_{i,t-1} + \lambda_2 Largeen_{i,t-1} + \lambda_3 Largeen_{i,t-1}$$
$$\times Finance_{i,t-1} + \delta Controls_{i,t-1} + Industry + Year + \varepsilon_{i,t}$$

$$(7.4)$$

其中，i 代表企业，t 代表年份，$Finance$ 代表金融发展，$Innovation$ 表示企业创新，$Largeen$ 表示大型企业类别变量，β_0 为常数项，β_1 为金融发展的系数，$Controls$ 为一系列影响企业创新的控制变量，ε 表示随机扰动项。$Industry$、$Year$ 分别表示企业所属行业固定效应、年份固定效应，在回归模型中对这两种固定效应均进行控制。考虑到企业从研发投入到专利申请存在一定时滞，因此，对解释变量和控制变量均进行滞后一期处理。

7.1.4.2 实证结果与分析

为了检验金融发展对大型企业和中小型企业创新的异质性影响，对式（7.4）进行回归。表 7.4 汇报了金融发展对规模异质性企业创新影响的检验结果，由于篇幅限制，只列出了金融发展、大型企业类别变量，以及大型企业类别变量与金融发展的交互项对企业创新影响的回归结果。从表 7.4 各栏模型 1 的结果可知，大型企业类别变量与金融发展交互项的系数均为正，但不显著，表明金融发展对大型企业和中小型企业专利申请总量不存在显著的影响差异。由表 7.4B 栏模型 2 的结果可知，大型企业类别变量与金融发展结构交互项的系数显著为正，表明相较于中小型企业，金融发展结构的改善对大型企业发明专利申请量的促进作用更显著。由表 7.4D 栏模型 2 的结果可知，大型企业类别变量与资本市场发展交互项的系数显著为正，这意味着，在大型企业中，资本市场发展对企业发明专利申请量的正向影响更明显。虽然金融发展对大型企业和中小型企业专利申请总量不存在显著的影响差异，但是相较于中小型企业，金融发展结构的改善和资本市场发展对大型企业发明专利申请量的促进作用更明显，而发明专利作为企业的核心专利，是企业创新成果的典型代表，因此，这足以证实与中小型企业相比，金融发展在很大程度上对大型企业创新的促进作用更加显著，金融发展对企业创新的影响具有规模异质性效应。

表 7.4　　　　　　金融发展对规模异质性企业创新的影响

变量	A：以金融发展规模为金融发展的代理变量			
	模型 1	模型 2	模型 3	模型 4
	ln$patent\_apply$	ln$ipatent\_apply$	ln$upatent\_apply$	ln$dpatent\_apply$
L1. *Finscale*	0.026	0.067 ***	−0.010	0.098 *
	(1.07)	(2.69)	(−0.37)	(1.96)
L1. *Largeen*	0.553 ***	0.517 ***	0.337 ***	0.685 ***
	(7.08)	(6.42)	(3.87)	(4.58)
L1. *Largeen* × *Finscale*	0.017	0.034	0.049 *	−0.057
	(0.76)	(1.47)	(1.89)	(−1.30)

变量	B：以金融发展结构为金融发展的代理变量			
	模型 1	模型 2	模型 3	模型 4
	lnpatent_apply	lnipatent_apply	lnupatent_apply	lndpatent_apply
L1. Finstruct	0.080 *	0.151 ***	0.044	0.067
	(1.70)	(3.19)	(0.79)	(0.72)
L1. Largeen	0.583 ***	0.571 ***	0.427 ***	0.497 ***
	(13.85)	(13.22)	(9.21)	(6.19)
L1. Largeen × Finstruct	0.049	0.112 **	0.118 *	0.030
	(0.93)	(2.09)	(1.94)	(0.30)

变量	C：以金融中介发展为金融发展的代理变量			
	模型 1	模型 2	模型 3	模型 4
	lnpatent_apply	lnipatent_apply	lnupatent_apply	lndpatent_apply
L1. Fininter	0.058	0.099	− 0.041	0.376 **
	(0.81)	(1.33)	(− 0.49)	(2.53)
L1. Largeen	0.540 ***	0.514 ***	0.320 ***	0.836 ***
	(5.96)	(5.49)	(3.18)	(4.89)
L1. Largeen × Fininter	0.054	0.090	0.133 *	− 0.262 **
	(0.81)	(1.31)	(1.78)	(− 2.07)

变量	D：以资本市场发展为金融发展的代理变量			
	模型 1	模型 2	模型 3	模型 4
	lnpatent_apply	lnipatent_apply	lnupatent_apply	lndpatent_apply
L1. Capmarket	0.017	0.046 **	0.002	0.042
	(0.92)	(2.44)	(0.09)	(1.11)
L1. Largeen	0.588 ***	0.588 ***	0.442 ***	0.504 ***
	(15.84)	(15.37)	(10.95)	(7.27)
L1. Largeen × Capmarket	0.024	0.047 **	0.054 **	0.007
	(1.17)	(2.24)	(2.27)	(0.16)

注：控制变量与基准模型一致，还控制了年份、行业固定效应；括号内数值为 t 值；*、**、*** 分别表示在10%、5%、1%的水平上显著。

7.2　金融发展对企业创新质量的影响

经过多年来我国在技术创新领域的投入和积累，以及通过实施创新驱动发展战略和建设创新型国家战略，我国自主创新能力大幅度提升，重大创新成果不胜枚举，专利申请数量快速增加，已进入创新型国家行列。但与技术先进国家相比仍有一定的差距，在核心技术领域还有待进一步突破，科技创新质量和效益有待进一步提升。当前，中国的创新发展正处于从数量积累迈向质量升级、从点的突破迈向系统能力提升的关键时期，面对经济社会高质量发展要求和新一轮产业革命浪潮，我国亟须提高创新的质量和效率，充分有效发挥技术创新对经济转型升级的引领作用，以高质量创新促进高质量发展。而企业作为创新的主体，培育核心专利和技术、提升专利质量、实施高效创新，以提升企业创新质量，对中国经济转型升级和高质量发展至关重要，对我国早日进入创新型国家前列和建成社会主义现代化强国具有重要意义。

在前文中，本书以企业专利申请量和企业专利授权量作为企业创新的测度指标，通过研究发现金融发展显著提升企业创新专利产出，对企业创新水平具有显著的促进作用。而企业专利数量只是代表企业创新的数量指标，前文的研究结论也只能表明金融发展对企业创新数量具有显著的正向促进作用，而不能认为金融发展对企业创新质量也会产生影响。也正是因为如此，本章将基于企业创新质量的视角，重新审视金融发展的创新效应，以企业发明专利申请量与专利申请总量的比值作为企业创新质量的衡量指标，考察金融发展对企业创新质量的影响效应。此外，从金融发展角度研究企业创新质量问题，对于进一步挖掘企业创新发展潜力，提升企业创新管理水平，健全我国创新治理模式和治理体系，改革国家创新系统，以及建构国内国际双循环相互促进的创新发展新格局，具有重要的现实意义。

7.2.1 研究设计

7.2.1.1 模型设定

为了考察金融发展对企业创新质量的影响效应，本书借鉴有关文献的研究思路（李仲泽，2020；胡江峰等，2020；刘斐然等，2020），设定如下计量回归模型：

$$Applyqu_{i,t} = \beta_0 + \beta_1 Finance_{i,t-1} + \gamma Controls_{i,t-1} + Industry + Year + \varepsilon_{i,t}$$

$$(7.5)$$

其中，i 代表企业，t 代表年份，$Finance$ 代表金融发展，$Applyqu$ 代表企业创新质量，β_0 为常数项，β_1 为金融发展的系数，$Controls$ 为一系列地区层面和企业层面对企业创新质量产生影响的控制变量，ε 表示随机扰动项。$Industry$、$Year$ 分别表示行业固定效应、年份固定效应，在计量模型中对这两种固定效应均进行控制。考虑到企业从研发投入到创新专利产出存在一定时滞，对核心解释变量和所有控制变量均进行滞后一期处理（虞义华等，2018）。

7.2.1.2 变量选取

（1）企业创新质量。

在前述章节中，我们运用企业专利申请量的自然对数作为企业创新的代理指标，并在稳健性检验部分利用企业专利授权量的自然对数作为替代指标。不可否认的是，发明专利是企业三种专利类型中最重要的专利类别，其价值量最高，是企业核心技术的代表，体现了企业的技术创新实力，因此，企业发明专利数量在专利总数量中的占比可以体现企业的创新质量，发明专利数量占比越高，代表企业的创新质量越高。本章采用企业发明专利申请量与专利申请总量的比值作为企业创新质量的衡量指标，在稳健性检验部分，利用企业发明专利授权量与专利授权总量的比值作为企业创新质量的替代指标。

（2）金融发展。

本章从宏观金融发展和金融市场发展两个维度衡量金融发展。在宏观金融发展维度，分别从金融发展规模（*Finscale*）和金融发展结构（*Finstruct*）两方面测度宏观金融发展，运用各省区市金融机构存贷款余额之和与地区生产总值的比值衡量金融发展规模；使用各省区市上市企业股票市值与金融机构贷款余额的比值测度金融发展结构。在金融市场发展维度，由于金融市场主要由金融中介市场和资本市场构成，我们分别从金融中介发展（*Fininter*）和资本市场发展（*Capmarket*）两方面测度金融市场发展，使用各省区市金融机构贷款余额与地区生产总值的比值衡量金融中介发展；利用各省区市上市企业股票市值与地区生产总值的比值度量资本市场发展。

（3）控制变量。

本小节选取的控制变量与第 4 章金融发展对企业创新影响的回归模型中的控制变量相同，地区层面控制变量包括人力资本水平（ln*human*）、基础设施建设水平（ln*infrast*）和经济发展水平（ln*economy*）。企业层面控制变量包括企业年龄（ln*firmage*）、企业盈利能力（*ROA*）、企业市场势力（*Marketpower*）、企业成长性（*Salegrowth*）、企业资本运营模式（*Tangibility*）、企业资本结构（*Leverage*）、企业员工劳动生产率（ln*product*）、企业资本密度（ln*fixasset*）、企业现金持有（*Cash_ratio*）和企业所在行业竞争程度（*HHI*）及其平方项（*HHI_square*）。

7.2.2　实证结果与分析

7.2.2.1　基准模型回归结果

为了检验金融发展对企业创新质量的影响，对式（7.5）进行回归，表 7.5 详尽报告了金融发展对企业创新质量影响的回归结果，我们使用最小二乘法进行估计。模型1、模型2、模型3、模型4分别列出了金融发展规模、金融发展结构、金融中介发展、资本市场发展对企业创新质量影响的估计结果。在宏观金融发展层面，由表7.5模型1结果可知，金融发展规模的估计系数为0.034，且在1%的水平上显著，表明金融发展规模与企业发明专利申请量占比之间存在显著的正相关关系，金融发展规模的扩大显著提升企业创新质量；由表7.5模型2结果可知，金融发展结构的估计系数为0.066，且在1%的水平上显著，这意味着金融发展结构的改善显著促进企业创新质量的提升。在金融市场发展层面，根据表7.5模型3的回归结果，金融中介发展的回归系数为0.076，且在1%的水平上显著，证明金融中介发展与企业发明专利申请量占比之间具有显著的正相关关系，金融中介发展对企业创新质量的提升具有显著的促进作用；根据表7.5模型4的回归结果，资本市场发展的回归系数为0.025，且在1%的水平上显著，表明资本市场发展对企业创新质量的提升存在显著的正向影响。

表7.5　　　　　　　　金融发展对企业创新质量的影响

变量	模型1	模型2	模型3	模型4
	Applyqu	*Applyqu*	*Applyqu*	*Applyqu*
L1. Finscale	0.034 *** (6.83)			
L1. Finstruct		0.066 *** (7.85)		
L1. Fininter			0.076 *** (5.07)	
L1. Capmarket				0.025 *** (7.56)
L1. lnhuman	0.015 (1.18)	0.008 (0.63)	0.028 ** (2.09)	0.008 (0.58)
L1. lninfrast	0.034 *** (2.96)	0.023 ** (2.10)	0.017 (1.56)	0.025 ** (2.28)

续表

变量	模型 1	模型 2	模型 3	模型 4
	Applyqu	*Applyqu*	*Applyqu*	*Applyqu*
L1. lneconomy	0. 061 *** (3. 50)	0. 064 *** (3. 64)	0. 051 *** (2. 81)	0. 066 *** (3. 79)
L1. lnfirmage	0. 018 (1. 40)	0. 016 (1. 26)	0. 020 (1. 55)	0. 018 (1. 35)
L1. ROA	0. 349 *** (4. 39)	0. 354 *** (4. 45)	0. 351 *** (4. 40)	0. 352 *** (4. 42)
L1. Marketpower	0. 147 ** (2. 36)	0. 150 ** (2. 41)	0. 156 ** (2. 51)	0. 157 ** (2. 52)
L1. Salegrowth	− 0. 001 (− 0. 17)	− 0. 001 (− 0. 18)	− 0. 001 (− 0. 15)	− 0. 001 (− 0. 15)
L1. Tangibility	0. 014 (0. 28)	0. 011 (0. 23)	0. 012 (0. 24)	0. 012 (0. 25)
L1. Leverage	0. 127 *** (4. 96)	0. 125 *** (4. 90)	0. 128 *** (5. 01)	0. 124 *** (4. 86)
L1. lnproduct	0. 019 ** (2. 05)	0. 019 ** (2. 07)	0. 020 ** (2. 17)	0. 020 ** (2. 14)
L1. lnfixasset	0. 000 (0. 01)	− 0. 000 (− 0. 01)	− 0. 001 (− 0. 15)	− 0. 001 (− 0. 08)
L1. Cash_ratio	0. 026 (1. 21)	0. 026 (1. 17)	0. 026 (1. 20)	0. 025 (1. 16)
L1. HHI	0. 666 *** (4. 59)	0. 693 *** (4. 77)	0. 667 *** (4. 58)	0. 695 *** (4. 78)
L1. HHI_square	− 0. 455 *** (− 3. 92)	− 0. 481 *** (− 4. 15)	− 0. 455 *** (− 3. 91)	− 0. 482 *** (− 4. 15)
_cons	− 0. 941 *** (− 2. 72)	− 0. 670 ** (− 1. 97)	− 0. 799 ** (− 2. 32)	− 0. 711 ** (− 2. 08)
Year	Yes	Yes	Yes	Yes
Industry	Yes	Yes	Yes	Yes
N	6300	6300	6300	6300
Adjust-R^2	0. 240	0. 242	0. 238	0. 242

注：括号内数值为 *t* 值；*、**、*** 分别表示在 10%、5%、1% 的水平上显著。

综上所述，金融发展规模的扩大、金融发展结构的改善、金融中介发展、资本市场发展均显著提升企业创新质量，因此，金融发展对企业创新质量的提升具有显著的促进作用。这意味着，金融发展不仅显著提升企业创新数量，还显著提升企业创新质量。

在控制变量层面，在此只解释表7.5模型1的结果，其余模型中控制变量系数的大小和显著性与模型1相差不大，不再解释。人力资本水平的系数为正，但不显著，意味着地区人力资本水平的提升对企业创新质量的影响不显著；基础设施建设水平的系数显著为正，表明地区基础设施建设水平越高，企业创新质量也越高；经济发展水平的系数显著为正，表明经济发展水平越高的地区，企业创新质量就越高；企业年龄的系数为正，但不显著；企业盈利能力的系数显著为正，表明盈利能力的增强对企业创新质量具有显著的促进作用；企业市场势力的估计系数显著为正，表明市场势力越大的企业，创新质量就越高；企业成长性的估计系数为负，但不显著，这意味着企业成长性对企业创新质量影响不显著；企业资本运营模式的系数为正，但不显著，说明改善企业资本运营模式对企业创新不产生显著影响；企业资本结构的系数显著为正，表明资产负债率越高的企业，创新质量也越高；企业员工劳动生产率的系数显著为正，意味着，企业员工劳动生产率的提高显著提升企业创新质量；企业资本密度的系数为正，但不显著，表明企业资本密度和企业创新质量没有显著关系；企业现金持有的系数为正，但不显著，说明企业现金的充裕度不显著影响企业创新质量，创新产出也越高；企业所在行业竞争程度的系数显著为正，其平方项的系数显著为负，表明企业所在行业竞争程度与企业创新质量呈倒"U"型关系。

7.2.2.2 稳健性检验

（1）使用企业发明专利授权量占比替换被解释变量。

在基准模型中，我们证实金融发展能够显著促进企业创新质量的提升。为了保证该结论是稳健可靠的，本小节进行稳健性检验。企业创新的度量指标众多，企业专利授权量也是常用的测度企业创新的指标之一（Hirshleifer et al.，2012；Balsmeier et al.，2017），由于发明专利是企业最核心的专利类型，利用企业发明专利授权量与专利授权总量的比值作为企业创新质量的替换指标，对金融发展与企业创新质量之间的关系进行稳健性检验。表7.6汇报了使用企业发明专利授权量占比作为被解释变量的替换指标之后，金融发展对企业创新质量影响的估计结果，表7.6模型1、模型2、模型3、模型4分别列示了金融发展规模、金融发展结构、金融中介发展、资本市场发展对企业发明专利授权量占比影响的回归结果。从表7.6各模型回归结果可知，金融发展规模、金融发展结构、金融中介发展、资本市场发展的估计系数分别为0.044、0.070、0.117、0.028，且均在1%的水平上显著，表明金融发展规模、金融发展结构、金融中介发展、资本市场发展显著提高企业发明专利授权量占比，即金融发展显著促进企业发明专利授权量占比的提升，这意味着基准模型中金融发展对企业创新质量存在显著的促进作用的结论是稳健的。

表7.6　　　使用企业发明专利授权量占比替换被解释变量

变量	模型1	模型2	模型3	模型4
	Grantqu	*Grantqu*	*Grantqu*	*Grantqu*
*L*1. *Finscale*	0.044 *** (6.48)			
*L*1. *Finstruct*		0.070 *** (6.51)		
*L*1. *Fininter*			0.117 *** (5.87)	
*L*1. *Capmarket*				0.028 *** (6.60)
*L*1. *lnhuman*	−0.002 (−0.10)	−0.012 (−0.65)	0.017 (0.90)	−0.014 (−0.76)
*L*1. *lninfrast*	0.066 *** (4.17)	0.049 *** (3.31)	0.050 *** (3.31)	0.053 *** (3.52)

变量	模型 1	模型 2	模型 3	模型 4
	Grantqu	*Grantqu*	*Grantqu*	*Grantqu*
L1. lneconomy	0. 066 *** (2. 81)	0. 077 *** (3. 31)	0. 047 * (1. 92)	0. 079 *** (3. 38)
L1. lnfirmage	− 0. 002 (− 0. 12)	− 0. 006 (− 0. 32)	0. 002 (0. 12)	− 0. 004 (− 0. 23)
L1. ROA	0. 503 *** (4. 60)	0. 511 *** (4. 67)	0. 502 *** (4. 58)	0. 508 *** (4. 65)
L1. Marketpower	0. 222 ** (2. 37)	0. 222 ** (2. 36)	0. 228 ** (2. 42)	0. 232 ** (2. 47)
L1. Salegrowth	0. 007 (0. 63)	0. 005 (0. 52)	0. 006 (0. 60)	0. 006 (0. 56)
L1. Tangibility	− 0. 153 ** (− 2. 24)	− 0. 154 ** (− 2. 25)	− 0. 157 ** (− 2. 29)	− 0. 152 ** (− 2. 22)
L1. Leverage	0. 097 *** (2. 78)	0. 094 *** (2. 68)	0. 099 *** (2. 81)	0. 092 *** (2. 61)
L1. lnproduct	0. 016 (1. 28)	0. 017 (1. 32)	0. 017 (1. 33)	0. 018 (1. 40)
L1. lnfixasset	0. 018 (1. 51)	0. 017 (1. 45)	0. 018 (1. 45)	0. 017 (1. 39)
L1. Cash_ratio	0. 017 (0. 57)	0. 018 (0. 62)	0. 018 (0. 60)	0. 018 (0. 59)
L1. HHI	0. 739 *** (3. 76)	0. 771 *** (3. 92)	0. 746 *** (3. 79)	0. 774 *** (3. 94)
L1. HHI_square	− 0. 497 *** (− 3. 15)	− 0. 523 *** (− 3. 31)	− 0. 500 *** (− 3. 16)	− 0. 525 *** (− 3. 32)
_cons	− 1. 198 *** (− 2. 88)	− 0. 900 ** (− 2. 19)	− 1. 079 *** (− 2. 60)	− 0. 933 ** (− 2. 27)
Year	Yes	Yes	Yes	Yes
Industry	Yes	Yes	Yes	Yes
N	4331	4331	4331	4331
Adjust-R²	0. 276	0. 277	0. 275	0. 277

注:括号内数值为 *t* 值;﹡、﹡﹡、﹡﹡﹡分别表示在10%、5%、1%的水平上显著。

（2）金融发展变量滞后处理。

企业开展研发创新活动，从研发投入到创新专利产出存在一定的时滞，本章在基准模型中，已经对金融发展指标进行滞后一期处理，但一些学者认为，在分析企业创新的影响因素时，应该对企业创新的影响因素进行滞后二期或三期处理。为检验基准模型结论的稳健性，本小节对金融发展指标进行滞后二期和滞后三期处理。表 7.7、表 7.8 分别报告了金融发展指标滞后二期、三期处理后金融发展对企业创新质量影响的回归结果。由表 7.7、表 7.8 各模型结果可知，金融发展规模、金融发展结构、金融中介发展、资本市场发展的系数均显著为正，表明金融发展显著提升企业发明专利申请量占比，这进一步表明基准模型中金融发展显著促进企业创新质量提升的结论是稳健的。

表 7.7　　　　　　　　　金融发展变量滞后二期处理

变量	模型 1	模型 2	模型 3	模型 4
	Applyqu	*Applyqu*	*Applyqu*	*Applyqu*
L2. Finscale	0.034 *** (6.71)			
L2. Finstruct		0.047 *** (6.01)		
L2. Fininter			0.074 *** (4.93)	
L2. Capmarket				0.020 *** (6.18)
L1. lnhuman	0.016 (1.24)	0.010 (0.77)	0.027 ** (2.01)	0.009 (0.69)
L1. lninfrast	0.032 *** (2.81)	0.016 (1.51)	0.016 (1.50)	0.019 * (1.78)
L1. lneconomy	0.060 *** (3.39)	0.069 *** (3.97)	0.051 *** (2.81)	0.070 *** (4.02)
L1. lnfirmage	0.019 (1.41)	0.015 (1.15)	0.020 (1.55)	0.016 (1.25)

续表

变量	模型 1	模型 2	模型 3	模型 4
	Applyqu	*Applyqu*	*Applyqu*	*Applyqu*
L1. ROA	0.352 ***	0.360 ***	0.352 ***	0.356 ***
	(4.42)	(4.51)	(4.41)	(4.48)
L1. Marketpower	0.147 **	0.150 **	0.156 **	0.154 **
	(2.37)	(2.41)	(2.50)	(2.47)
L1. Sulegrowth	− 0.001	− 0.001	− 0.002	− 0.001
	(− 0.19)	(− 0.17)	(0.21)	(− 0.15)
L1. Tangibility	0.014	0.016	0.012	0.016
	(0.27)	(0.32)	(0.25)	(0.32)
L1. Leverage	0.128 ***	0.127 ***	0.129 ***	0.126 ***
	(5.01)	(4.97)	(5.06)	(4.93)
L1. lnproduct	0.019 **	0.020 **	0.020 **	0.020 **
	(2.05)	(2.18)	(2.15)	(2.22)
L1. lnfixasset	0.000	− 0.002	− 0.001	− 0.002
	(0.02)	(− 0.21)	(− 0.13)	(− 0.22)
L1. Cash_ratio	0.027	0.026	0.028	0.026
	(1.24)	(1.17)	(1.26)	(1.17)
L1. HHI	0.670 ***	0.672 ***	0.667 ***	0.675 ***
	(4.61)	(4.62)	(4.58)	(4.64)
L1. HHI_square	− 0.458 ***	− 0.460 ***	− 0.455 ***	− 0.462 ***
	(− 3.94)	(− 3.96)	(− 3.91)	(− 3.97)
_cons	− 0.915 ***	− 0.678 **	− 0.776 **	− 0.699 **
	(− 2.65)	(− 1.98)	(− 2.25)	(− 2.05)
Year	Yes	Yes	Yes	Yes
Industry	Yes	Yes	Yes	Yes
N	6300	6300	6300	6300
Adjust-R^2	0.240	0.239	0.238	0.239

注：括号内数值为 t 值；*、**、***分别表示在 10%、5%、1% 的水平上显著。

表 7.8　　　　　　　　　　　　金融发展变量滞后三期处理

变量	模型 1	模型 2	模型 3	模型 4
	Applyqu	*Applyqu*	*Applyqu*	*Applyqu*
L3. Finscale	0. 037 ***			
	(6. 67)			
L3. Finstruct		0. 042 ***		
		(5. 19)		
L3. Fininter			0. 078 ***	
			(4. 82)	
L3. Capmarket				0. 018 ***
				(5. 48)
L1. lnhuman	0. 016	0. 010	0. 027 *	0. 009
	(1. 14)	(0. 67)	(1. 86)	(0. 62)
L1. lninfrast	0. 036 ***	0. 017	0. 019	0. 019 *
	(2. 88)	(1. 44)	(1. 58)	(1. 65)
L1. lneconomy	0. 054 ***	0. 070 ***	0. 045 **	0. 069 ***
	(2. 81)	(3. 66)	(2. 29)	(3. 62)
L1. lnfirmage	0. 013	0. 010	0. 015	0. 011
	(0. 87)	(0. 63)	(1. 01)	(0. 72)
L1. ROA	0. 392 ***	0. 392 ***	0. 392 ***	0. 390 ***
	(4. 57)	(4. 56)	(4. 55)	(4. 54)
L1. Marketpower	0. 091	0. 088	0. 099	0. 092
	(1. 37)	(1. 33)	(1. 49)	(1. 39)
L1. Salegrowth	− 0. 003	− 0. 003	− 0. 003	− 0. 002
	(− 0. 34)	(− 0. 31)	(− 0. 37)	(− 0. 30)
L1. Tangibility	0. 012	0. 013	0. 012	0. 013
	(0. 23)	(0. 24)	(0. 22)	(0. 24)
L1. Leverage	0. 133 ***	0. 131 ***	0. 135 ***	0. 130 ***
	(4. 85)	(4. 76)	(4. 88)	(4. 72)
L1. lnproduct	0. 023 **	0. 025 **	0. 024 **	0. 025 **
	(2. 31)	(2. 52)	(2. 41)	(2. 55)

续表

变量	模型 1 *Applyqu*	模型 2 *Applyqu*	模型 3 *Applyqu*	模型 4 *Applyqu*
*L*1. ln*fixasset*	−0.005 (−0.50)	−0.008 (−0.81)	−0.006 (−0.64)	−0.008 (−0.80)
*L*1. *Cash_ratio*	0.037 (1.56)	0.036 (1.52)	0.037 (1.57)	0.036 (1.51)
*L*1. *HHI*	0.604 *** (3.49)	0.579 *** (3.34)	0.598 *** (3.45)	0.585 *** (3.38)
*L*1. *HHI_square*	−0.430 *** (−3.07)	−0.410 *** (−2.92)	−0.425 *** (−3.03)	−0.415 *** (−2.96)
_cons	−0.822 ** (−2.31)	−0.590 * (−1.67)	−0.667 * (−1.88)	−0.600 * (−1.70)
Year	Yes	Yes	Yes	Yes
Industry	Yes	Yes	Yes	Yes
N	5283	5283	5283	5283
Adjust-R^2	0.243	0.240	0.239	0.241

注：括号内数值为 *t* 值；＊、＊＊、＊＊＊分别表示在 10%、5%、1% 的水平上显著。

7.2.2.3 面板工具变量估计

本章的基准模型回归和稳健性检验表明，金融发展对企业创新质量具有显著的促进作用，但可能由于内生性问题而导致该结果偏误。一方面，虽然我们在基准模型中控制了一系列影响企业创新质量的因素，但是，基准模型仍可能遗漏相关重要变量，导致内生性问题的出现；另一方面，我国企业的创新不断推动着国家经济增长，而经济增长对金融发展又会产生促进作用，因此，企业创新反过来会促进金融发展，这种反向因果关系也会导致内生性问题。对于基准模型的内生性问题，我们将运用面板工具变量法进行处理，并利用两阶段最小二乘法估计，以避免估计结果具有偏误。

本章同样选取同年度各地区相邻省区市金融发展指标的均值作为工具变量，即相邻省区市金融发展规模均值（*Mean_Finscale*）、相邻省区市金融发展结构均值（*Mean_Finstruct*）、相邻省区市金融中介发展均值（*Mean_Fininter*）、相邻省区市资本市场发展均值（*Mean_Capmarket*）。在基准模型回归中，将金融发展指标滞后一期处理，因此，工具变量相邻省区市金融发展指标的均值也相应滞后一期。

表 7.9 和表 7.10 详细报告了金融发展规模、金融发展结构、金融中介发展和资本市场发展对企业创新质量影响的面板工具变量估计结果。从表 7.9、表 7.10 可知，Cragg-Donald Wald F 统计量分别为10.26、12.56、7.08、11.99，只有金融中介发展对企业创新影响的面板工具变量估计的 Cragg-Donald Wald F 统计量小于 Stock-Yogo 弱工具变量检验的临界值，其余均大于 Stock-Yogo 弱工具变量检验的临界值，显著拒绝存在弱工具变量的原假设，表明模型不存在弱工具变量问题。表 7.9 模型 1 和模型 3、表 7.10 模型 1 和模型 3 表示第一阶段估计结果，从第一阶段结果中可知，各个工具变量的系数均显著，说明本地区金融发展程度与相邻省区市金融发展程度显著相关，符合理论预期。表7.9 模型 2 和模型 4、表 7.10 模型 2 和模型 4 表示第二阶段估计结果，从第二阶段结果中可知，金融发展规模的系数为 0.055，且在 1% 的水平上显著，表明金融发展规模的扩大对企业创新质量的提升具有显著的促进作用；金融发展结构的系数为 0.077，且在 1% 的水平上显著，说明金融发展结构的改善对企业创新质量存在显著的正向影响；金融中介发展的系数为 0.153，且在 1% 的水平上显著，这意味着金融中介发展显著促进企业创新质量的提升；资本市场发展的系数为 0.034，且在1% 的水平上显著，表明资本市场发展显著提升企业创新质量。总之，面板工具变量估计结果进一步表明，金融发展对企业创新质量存在显著的促进作用。

表 7.9　　金融发展规模和结构对企业创新质量影响的面板工具变量估计

变量	模型 1	模型 2	模型 3	模型 4
	L. Finscale	*Applyqu*	*L. Finstruct*	*Applyqu*
	第一阶段	第二阶段	第一阶段	第二阶段
L1. *Mean_Finscale*	− 0.330 *** (− 19.62)			
L1. *Finscale*		0.055 *** (7.26)		
L1. *Mean_Finstruct*			− 0.822 *** (− 34.29)	
L1. *Finstruct*				0.077 *** (6.40)
L1. lnhuman	− 0.024 (− 1.07)	0.015 (1.29)	0.025 ** (2.09)	− 0.007 (− 0.59)
L1. lninfrast	− 1.098 *** (− 58.10)	0.049 *** (4.57)	− 0.326 *** (− 31.95)	0.033 *** (3.33)
L1. lneconomy	0.428 *** (12.72)	0.015 (1.05)	0.272 *** (15.03)	0.052 *** (4.15)
L1. lnfirmage	− 0.154 *** (− 5.75)	− 0.001 (− 0.07)	− 0.091 *** (− 6.27)	0.004 (0.36)
L1. ROA	− 0.045 (− 0.43)	0.256 *** (3.27)	0.010 (0.18)	0.237 *** (3.03)
L1. Marketpower	− 0.151 (− 1.25)	0.240 *** (4.89)	− 0.164 ** (− 2.51)	0.234 *** (4.77)
L1. Salegrowth	− 0.002 (− 1.27)	0.006 (0.77)	− 0.000 (− 0.36)	0.008 (0.96)
L1. Tangibility	0.132 (1.49)	0.096 ** (2.30)	0.071 (1.47)	0.081 * (1.93)
L1. Leverage	0.049 (1.07)	0.065 *** (2.67)	0.072 *** (2.88)	0.050 ** (2.06)

续表

变量	模型 1	模型 2	模型 3	模型 4
	L. Finscale	*Applyqu*	*L. Finstruct*	*Applyqu*
	第一阶段	第二阶段	第一阶段	第二阶段
$L1. \ln product$	0.093 ***	0.033 ***	0.034 ***	0.035 ***
	(6.03)	(4.28)	(4.09)	(4.51)
$L1. \ln fixasset$	−0.115 ***	0.012	−0.054 ***	0.013
	(−7.46)	(1.57)	(−6.52)	(1.61)
$L1. Cash\_ratio$	0.049	0.001	0.014	−0.006
	(1.45)	(0.03)	(0.74)	(−0.28)
$L1. HHI$	−0.465	−0.182 ***	−0.558 ***	−0.189 ***
	(−1.54)	(−3.45)	(−3.42)	(−3.58)
$L1. HHI\_square$	0.426 *	0.104 **	0.475 ***	0.108 **
	(1.73)	(2.11)	(3.58)	(2.19)
_cons	12.710 ***	−1.089 ***	1.664 ***	−0.883 ***
	(21.37)	(−6.33)	(5.20)	(−5.34)
Year	Yes	Yes	Yes	Yes
Industry	Yes	Yes	Yes	Yes
N	6300	6300	6300	6300
F test	10.26		12.56	
	(0.000)		(0.000)	

注：括号内数值为 t 值或 z 值；* 、** 、*** 分别表示在 10%、5%、1% 的水平上显著。

表 7.10　　金融中介发展和资本市场发展对企业创新质量影响的面板工具变量估计

变量	模型 1	模型 2	模型 3	模型 4
	L. Fininter	*Applyqu*	*L. Capmarket*	*Applyqu*
	第一阶段	第二阶段	第一阶段	第二阶段
$L1. Mean\_Fininter$	0.082 ***			
	(5.57)			
$L1. Fininter$		0.153 ***		
		(5.74)		

变量	模型 1	模型 2	模型 3	模型 4
	L. Fininter	*Applyqu*	*L. Capmarket*	*Applyqu*
	第一阶段	第二阶段	第一阶段	第二阶段
L1. Mean_Capmarket			−0.936 *** (−36.14)	
L1. Capmarket				0.034 *** (6.87)
L1. lnhuman	−0.081 *** (−10.71)	0.039 *** (3.00)	0.210 *** (7.14)	−0.006 (−0.55)
L1. lninfrast	−0.291 *** (−45.24)	0.030 *** (3.06)	−1.036 *** (−41.01)	0.038 *** (3.80)
L1. lneconomy	0.240 *** (21.17)	−0.007 (−0.42)	0.565 *** (12.66)	0.050 *** (4.04)
L1. lnfirmage	−0.065 *** (−7.18)	0.005 (0.39)	−0.281 *** (−7.87)	0.006 (0.52)
L1. ROA	0.015 (0.43)	0.244 *** (3.11)	0.028 (0.20)	0.239 *** (3.05)
L1. Marketpower	−0.009 (−0.23)	0.258 *** (5.24)	−0.579 *** (−3.59)	0.239 *** (4.89)
L1. Salegrowth	−0.001 (−1.11)	0.007 (0.87)	−0.002 (−0.66)	0.008 (1.02)
L1. Tangibility	0.108 *** (3.59)	0.085 ** (2.02)	0.244 ** (2.06)	0.083 ** (1.97)
L1. Leverage	0.012 (0.74)	0.069 *** (2.81)	0.244 *** (3.98)	0.050 ** (2.05)
L1. lnproduct	0.027 *** (5.17)	0.034 *** (4.35)	0.058 *** (2.82)	0.035 *** (4.53)
L1. lnfixasset	−0.047 *** (−8.93)	0.013 (1.64)	−0.125 *** (−6.06)	0.012 (1.57)

变量	模型 1	模型 2	模型 3	模型 4
	L. Fininter	*Applyqu*	*L. Capmarket*	*Applyqu*
	第一阶段	第二阶段	第一阶段	第二阶段
L1. *Cash_ratio*	0.013 (1.09)	0.001 (0.04)	0.041 (0.91)	−0.006 (−0.28)
L1. *HHI*	−0.148 (−1.45)	−0.165 *** (−3.14)	−1.164 *** (−2.89)	−0.187 *** (−3.54)
L1. *HHI_square*	0.136 (1.63)	0.089 * (1.81)	1.001 *** (3.06)	0.105 ** (2.14)
_cons	3.475 *** (17.22)	−1.023 *** (−5.89)	5.866 *** (7.43)	−0.933 *** (−5.61)
Year	Yes	Yes	Yes	Yes
Industry	Yes	Yes	Yes	Yes
N	6300	6300	6300	6300
F test	7.08 (0.000)		11.99 (0.000)	

注：括号内数值为 t 值或 z 值；*、**、*** 分别表示在 10%、5%、1% 的水平上显著。

7.2.3　影响机制分析

在前面，本书研究发现，金融发展通过缓解企业融资约束和促进企业股权融资，进而提升企业创新水平，也就是说，金融发展通过企业融资约束机制和企业股权融资机制对企业创新产生影响，企业融资约束和企业股权融资发挥了中介效应。本章已经证明金融发展对企业创新质量具有显著的促进作用，那么，金融发展是否也是通过企业融资约束机制和企业股权融资机制对企业创新质量产生影响呢？我们以企业融资约束和企业股权融资作为中介变量，通过中介效应模型来检验金融发展对企业创新质量的影响机制。在第 5 章中，我们已经证实金融发展显著缓解企业融资约束，以及金融发展显著促进企业股权融资，因此，本节只需检验企业融资约束和企业股权融资对企业创新质量的影响。

表7.11汇报了金融发展对企业创新质量影响的机制检验结果，从该表中可知，在各模型中，企业融资约束的系数均显著为负，企业股权融资的系数均显著为正，表明企业融资约束和企业股权融资中介效应存在，金融发展通过缓解企业融资约束和促进企业股权融资，进而提升企业创新质量，也就是说，金融发展也是通过企业融资约束机制和企业股权融资机制促进企业创新质量的提升。

表7.11　　　　　金融发展对企业创新质量影响的机制检验

变量	模型1	模型2	模型3	模型4
	Applyqu	*Applyqu*	*Applyqu*	*Applyqu*
L1. *SA_index*	− 0.088 ***	− 0.089 ***	− 0.089 ***	− 0.088 ***
	(− 4.95)	(− 4.98)	(− 4.98)	(− 4.94)
L1. *Stockfin*	0.016 **	0.016 **	0.017 **	0.016 **
	(2.05)	(2.08)	(2.20)	(2.15)
L1. *Finscale*	0.028 ***			
	(5.73)			
L1. *Finstruct*		0.059 ***		
		(7.07)		
L1. *Fininter*			0.063 ***	
			(4.21)	
L1. *Capmarket*				0.023 ***
				(6.81)
L1. ln*human*	0.014	0.007	0.024 *	0.007
	(1.06)	(0.57)	(1.81)	(0.52)
L1. ln*infrast*	0.032 ***	0.023 **	0.017	0.025 **
	(2.74)	(2.18)	(1.57)	(2.34)
L1. ln*economy*	0.068 ***	0.069 ***	0.059 ***	0.071 ***
	(3.89)	(3.99)	(3.31)	(4.13)

续表

变量	模型 1	模型 2	模型 3	模型 4
	Applyqu	*Applyqu*	*Applyqu*	*Applyqu*
L1. lnfirmage	− 0. 050 ***	− 0. 052 ***	− 0. 050 ***	− 0. 051 ***
	(− 3. 00)	(− 3. 12)	(− 2. 95)	(− 3. 04)
L1. ROA	0. 203 **	0. 206 **	0. 202 **	0. 204 **
	(2. 52)	(2. 56)	(2. 50)	(2. 54)
L1. Marketpower	0. 176 ***	0. 178 ***	0. 184 ***	0. 184 ***
	(2. 84)	(2. 88)	(2. 97)	(2. 98)
L1. Salegrowth	0. 002	0. 002	0. 002	0. 002
	(0. 25)	(0. 25)	(0. 27)	(0. 28)
L1. Tangibility	0. 034	0. 031	0. 033	0. 032
	(0. 69)	(0. 63)	(0. 65)	(0. 64)
L1. Leverage	0. 018	0. 016	0. 017	0. 015
	(0. 62)	(0. 55)	(0. 60)	(0. 52)
L1. lnproduct	0. 010	0. 009	0. 010	0. 010
	(1. 04)	(1. 02)	(1. 12)	(1. 09)
L1. lnfixasset	− 0. 012	− 0. 011	− 0. 013	− 0. 012
	(− 1. 32)	(− 1. 31)	(− 1. 49)	(− 1. 38)
L1. Cash_ratio	0. 013	0. 012	0. 013	0. 012
	(0. 60)	(0. 56)	(0. 58)	(0. 55)
L1. HHI	0. 649 ***	0. 673 ***	0. 648 ***	0. 674 ***
	(4. 50)	(4. 67)	(4. 49)	(4. 68)
L1. HHI_square	− 0. 443 ***	− 0. 466 ***	− 0. 442 ***	− 0. 467 ***
	(− 3. 85)	(− 4. 05)	(− 3. 83)	(− 4. 06)
_cons	− 0. 912 **	− 0. 695 *	− 0. 807 **	− 0. 742 **
	(− 2. 42)	(− 1. 86)	(− 2. 14)	(− 1. 99)
Year	Yes	Yes	Yes	Yes
Industry	Yes	Yes	Yes	Yes
N	6300	6300	6300	6300
Adjust-R²	0. 254	0. 256	0. 252	0. 255

注：括号内数值为 *t* 值；＊、＊＊、＊＊＊分别表示在 10% 、5% 、1% 的水平上显著。

7.3 本章小结

　　本章从企业异质性视角重新审视金融发展的创新效应，考察金融发展对企业创新的异质性影响，分析金融发展对企业创新影响的异质性效应。我们通过实证分析发现，从所有权异质性来看，相较于非国有企业，金融发展对国有企业创新的正向影响更为明显。这可能是由于金融发展并未改变非国有企业在创新融资方面的劣势地位，国有企业和非国有企业在创新融资方面的差异依然存在。从行业属性异质性来看，与高科技企业相比，金融发展对一般企业创新的正向促进作用更加显著。这可能是由于高科技企业以技术创新为生产经营的第一要务，发展潜力较大，成长性也较高，其本身能吸引较多资金投入研发创新活动，因而在高科技企业中，金融发展对技术创新的推动作用不那么明显。反而在一般企业中，金融发展缓解了其融资约束，使其研发投入增加，因此，金融发展更有利于一般企业的技术创新。从地区异质性来看，相较于东部地区企业，金融发展对中西部地区企业创新的促进作用更加明显。这可能是由于与东部地区企业相比，中西部地区企业研发创新资金缺口较大，而金融发展减轻了其融资约束，使其能够筹集到更多研发创新活动所需资金，促进了中西部地区企业创新。因此，金融发展对中西部地区企业创新的推动作用更大。从规模异质性来看，与中小型企业相比，金融发展在很大程度上对大型企业创新的促进作用更加显著。

　　另外，本章还基于企业创新质量的视角重新审视金融发展的创新效应，以企业发明专利申请量与专利申请总量的比值作为企业创新质量的衡量指标，考察金融发展对企业创新质量的影响效应。我们通过实证分析发现，金融发展规模的扩大、金融发展结构的改善、金融中介发展、资本市场发展均显著提升企业创新质量，因此，金融发展对企业创新质量的提升具有显著的促进作用。这意味着，金融发展不仅显著提升企业创新数量，还显著提升企业创新质量。进一步分析其影响机制，我们发现，金融发展通过缓解企业融资约束和促进企业股权融资，进而提升企业创新质量，企业融资约束和企业股权融资的中介效应在金融发展和企业创新质量关系中依然存在，金融发展也是通过企业融资约束机制和企业股权融资机制促进企业创新质量的提升。

第8章

结论和政策建议

8.1　主要结论

本书从理论和实证层面，从两个视角系统研究了金融发展对企业创新的影响机制，分别从企业外部融资视角考察金融发展如何通过企业融资约束机制和企业股权融资机制对企业创新产生影响，分析企业融资约束和企业股权融资在金融发展与企业创新关系中的中介效应；从企业资本配置视角考察企业金融资产配置调节机制在金融发展影响企业创新过程中的作用，分析企业金融资产配置对金融发展和企业创新关系的调节效应。

本书首先理论分析了金融发展对企业创新的影响机制，在此基础上，运用 2007～2017 年沪深 A 股制造业上市公司数据和省级层面数据实证分析了金融发展对企业创新的影响，从而为实证检验具体影响机制奠定基础。实证结果表明，金融发展规模的扩大、金融发展结构的改善、金融中介发展、资本市场发展均显著增加企业专利申请量，对企业创新均具有显著的促进作用，因此，金融发展显著促进企业创新，这与已有文献的研究结论相符。并且，本书通过替换被解释变量、对解释变量滞后处理以及使用不同估计方法等方式进行稳健性检验，证实基准模型中金融发展显著促进企业创新的结论是稳健可靠的。另外，本书通过内生性处理，使用工具变量法进行估计，进一步表明，金融发展对企业创新水平的提升具有显著的正向促进作用。

从企业外部融资视角来研究金融发展对企业创新的影响机制，本书运用中介效应模型实证检验发现，第一，金融发展显著促进企业融资约束缓解，以及企业融资约束缓解对企业创新具有显著的促进作用，这证实企业融资约束中介效应存在，金融发展通过缓解企业融资约束进而促进企业创新，也就是说，金融发展通过企业融资约束机制对企业创新产生促进作用。第二，作为金融发展重要表现形式的银行业竞争，也是通过减轻企业融资约束进而提升企业创新水平，这进一步表明企业融资约束这一机制的存在。第三，金融发展显著促进企业股权融资，以及企业股权融资对企业创新具有显著的正向促进作用，这证实企业股权融资中介效应存在，金融发展通过促进企业股权融资进而提升企业创新水平，也就是说，金融发展通过企业股权融资机制对企业创新产生促进作用。第四，股权投资者在筛选企业进行投资时，更偏向高创新依赖企业，因此高创新依赖企业更易通过股权融资筹集到研发资金。

从企业资本配置视角来研究金融发展对企业创新的影响机制，本书运用调节效应模型实证检验发现，第一，企业金融资产配置显著抑制金融发展对企业创新的促进作用，对金融发展和企业创新之间的关系具有显著的负向调节效应，随着企业金融资产配置程度的提升，金融发展对企业创新的促进作用减弱，也就是说，企业金融资产配置机制是一种调节机制，这种调节机制削弱了金融发展对企业创新的促进作用。第二，企业短期金融资产配置显著抑制金融发展对企业创新的促进作用，而长期金融资产配置对金融发展和企业创新之间的关系不存在显著影响，这表明企业金融资产配置调节机制主要是短期金融资产配置在起作用，而与长期金融资产配置没有显著关系。第三，企业金融资产配置显著抑制企业股权融资对企业创新的促进作用，这说明企业金融资产配置调节机制的发挥，很重要的途径是通过占用企业股权融资获得的资金，而对企业的创新投入形成"挤出效应"。

本书从以上两个视角研究了金融发展对企业创新的影响机制。最后，本书基于企业异质性和企业创新质量的视角，重新审视金融发展的创新效应，考察金融发展对企业创新的异质性影响，以及金融发展对企业创新质量的影响。我们通过实证分析金融发展对企业创新的异质性影响，发现从所有权异质性来看，相较于非国有企业，金融发展对国有企业创新的正向影响更为明显；从行业属性异质性来看，与高科技企业相比，金融发展对一般企业创新的正向促进作用更加显著；从地区异质性来看，相较于东部地区企业，金融发展对中西部地区企业创新的促进作用更加明显；从规模异质性来看，与中小型企业相比，金融发展在很大程度上对大型企业创新的促进作用更加显著。我们通过实证分析金融发展对企业创新质量的影响，发现金融发展规模的扩大、金融发展结构的改善、金融中介发展、资本市场发展均显著提升企业创新质量，因此，金融发展对企业创新质量的提升具有显著的促进作用。进一步分析其影响机制，我们发现金融发展通过缓解企业融资约束和促进企业股权融资，进而提升企业创新质量，也就是说，金融发展也是通过企业融资约束机制和企业股权融资机制促进企业创新质量的提升。

8.2　政策建议

根据前面理论分析和实证研究结论，并结合我国金融发展实践，本书从金融发展角度提出以下促进企业创新的政策建议。

8.2.1　逐步缓解企业创新融资约束

在本书第 5 章中，我们发现，金融发展通过企业融资约束机制对企业创新产生促进作用，即金融发展通过缓解企业融资约束进而促进企业创新，因此，可以通过缓解企业融资约束来提升企业创新水平。具体来说，可以从以下四点降低企业面临的融资约束。

第一，进一步推进金融市场化改革，提升资本配置效率。进一步推动利率市场化改革，优化资本要素配置，减少政府对金融市场的干预，改善资本要素市场扭曲局面，正确处理政府和金融市场的关系，推动有效金融市场和有为政府更好结合，缓解中小企业和创新型企业面临的融资约束。第二，促进银行信贷向创新型企业适度倾斜。对符合条件的创新型企业和创新项目加大信贷支持力度，给予其利率优惠，并且提高信贷支持企业创新的灵活性和便利性。第三，进一步促进资本市场发展。加快完善多层次资本市场体系，推动股票市场和债券市场有序稳步发展，不断完善有利于扩大企业直接融资规模的制度安排，提升企业直接融资比重。第四，改善金融机构与企业之间的信息不对称。一方面，通过加大金融基础设施建设，以及借助现代金融科技和大数据等信息技术，进一步提高金融机构对企业信息的获取和处理能力；另一方面，提高上市公司质量，进一步完善证券市场制度和上市企业信息披露制度，改善金融机构与企业之间的信息不对称。

8.2.2　发挥股权融资对企业创新的支持作用

在本书第 5 章中，我们发现，金融发展通过企业股权融资机制促进企业创新，也就是说，股权融资对企业创新具有巨大的推动作用。再者，创新本身具有较大的不确定性，在充分的企业信息披露下，其风险收益特征更适合直接融资，尤其是股权融资，股权投资者能够承担对应的风险收益。因此，企业可以发挥股权融资的积极作用，寻求与共担风险、共享收益的资本进行合作，提升股权融资在企业外部融资中所占的比重，促使股权融资成为企业研发创新活动筹措资金的重要渠道，进而促进企业创新。政府则应该创造更加多样和便捷的途径促进企业开展股权融资，具体来说，可以从以下三点促进企业开展股权融资。

第一，加快完善多层次股权融资体系。有序推进主板、创业板、科创板、新三板、区域性股权交易市场等多层次股权融资市场建设，有效发挥科创板、创业板、新三板支持企业创新的功能作用。继续完善企业上市注册制度，加快创业板市场改革，健全创业板和科创板各项制度。建立健全适合创新型企业发展的上市制度，强化全国中小企业股份转让系统融资、并购、交易等功能，支持区域性股权市场运营模式和服务方式创新，扩大金融服务创新型企业的覆盖面。

第二，丰富股权融资市场投资者群体和股权融资资金来源。鼓励天使投资、风险投资、私募股权投资基金等股权投资主体发展，创新股权融资工具，丰富股权融资市场投资者群体，并且，研究制定相关税收优惠政策支持股权投资主体投资创新型企业和创新项目。推动保险资金、年金、养老保险基金等长期性资金进行股权投资，引导储蓄转化为股本投资，积极有效引进国外创新投资资金，以拓宽股权融资资金来源。

第三，优化政府创投引导基金运作，引导社会资本投资创新型企业。加大政府创投引导基金扶持力度，健全市场化管理和运营制度，优化治理结构和创新治理机制，以更好地发挥引导基金的杠杆作用和乘数效应，带动、吸引、引导更多社会资本支持企业创新和投资创新型企业，特别是初创期、早中期的创新型企业。破除妨碍优质创投资源在不同区域、不同产业间自由流动的制度性因素，促进社会创新资本有效配置，最大限度发挥社会创新资本的创值能力和经济效益。

8.2.3　发挥金融创新对企业创新的助推作用

除了从缓解企业融资约束和促进企业股权融资两方面提升企业创新水平外，还应强化金融创新，发挥金融创新对企业技术创新的助推作用。第一，支持适合企业创新融资需求的金融产品创新。股份制银行、政策性银行等金融机构在有关法律法规和监管机构的指导下，加快推进符合创新型企业和创新项目融资需求的金融产品和服务方式创新，以支持企业开展研发创新活动。第二，进一步推进与知识产权有关的金融创新。首先，强化技术和知识产权交易平台建设，完备知识产权质押融资风险补偿机制，简化知识产权质押融资流程，健全从研发到生产的全过程技术创新融资体系。其次，建立健全科技保险制度和促进技术创新的信用增进机制。第三，创新服务企业技术创新的间接融资方式。挑选符合条件的银行业金融机构，为企业创新项目提供股权和债权相结合的融资方式，以实现投贷互动和拓宽适合技术创新发展规律的多元化融资渠道。

参 考 文 献

[1] 白永秀，赵勇．企业同质性假设、异质性假设与企业性质 [J]．财经科学，2005（5）：77－83.

[2] 卞元超，吴利华，白俊红．高铁开通是否促进了区域创新？[J]．金融研究，2019（6）：132－149.

[3] 蔡地，黄建山，李春米，刘衡．民营企业的政治关联与技术创新 [J]．经济评论，2014（2）：65－76.

[4] 蔡竞，董艳．银行业竞争与企业创新——来自中国工业企业的经验证据 [J]．金融研究，2016（11）：96－111.

[5] 陈德球，金雅玲，董志勇．政策不确定性、政治关联与企业创新效率 [J]．南开管理评论，2016，19（4）：27－35.

[6] 陈工，陈明利．财政分权是否缓解了地方上市公司的融资约束？[J]．经济社会体制比较，2016（2）：11－25.

[7] 陈华东．管理者任期、股权激励与企业创新研究 [J]．中国软科学，2016（8）：112－126.

[8] 陈劲，郑刚．创新管理：赢得持续竞争优势 [M]．北京：北京大学出版社，2009.

[9] 陈经伟，姜能鹏．资本要素市场扭曲对企业技术创新的影响：机制、异质性与持续性 [J]．经济学动态，2020（12）：106－124.

[10] 陈雄兵，吕勇斌．金融发展指数的构成要素及其国际比较 [J]．改革，2012（8）：53－58.

[11] 陈战光，李广威，梁田，王乔菀．研发投入、知识产权保护与企业创新质量 [J]．科技进步与对策，2020，37（10）：108－117.

［12］程博，熊婷．在职培训、儒家文化影响与企业创新［J］．广东财经大学学报，2018，33（1）：72 - 85.

［13］程曦，蔡秀云．税收政策对企业技术创新的激励效应——基于异质性企业的实证分析［J］．中南财经政法大学学报，2017（6）：94 - 102，159 - 160.

［14］戴静，刘贯春，许传华，张建华．金融部门人力资本配置与实体企业金融资产投资［J］．财贸经济，2020，41（4）：35 - 49.

［15］戴静，杨筝，刘贯春，许传华．银行业竞争、创新资源配置和企业创新产出——基于中国工业企业的经验证据［J］．金融研究，2020（2）：51 - 70.

［16］樊纲，王小鲁，朱恒鹏．中国市场化指数——各地区市场化相对进程2011年报告［M］．北京：经济科学出版社，2011.

［17］方福前，邢炜，王康．中国经济短期波动对长期增长的影响——资源在企业间重新配置的视角［J］．管理世界，2017（1）：30 - 50.

［18］方杰，温忠麟，梁东梅，李霓霓．基于多元回归的调节效应分析［J］．心理科学，2015，38（3）：715 - 720.

［19］方军雄．所有制、市场化进程与资本配置效率［J］．管理世界，2007（11）：27 - 35.

［20］傅家骥，程源．面对知识经济的挑战，该抓什么？——再论技术创新［J］．中国软科学，1998（7）：36 - 39.

［21］顾雷雷，郭建鸾，王鸿宇．企业社会责任、融资约束与企业金融化［J］．金融研究，2020（2）：109 - 127.

［22］郭蕾，肖淑芳，李雪婧，李维维．非高管员工股权激励与创新产出——基于中国上市高科技企业的经验证据［J］．会计研究，2019（7）：59 - 67.

［23］韩廷春．金融发展与经济增长：经验模型与政策分析［J］．世界经济，2001（6）：3 - 9.

［24］何瑛，于文蕾，戴逸驰，王砚羽．高管职业经历与企业创新

[J]．管理世界，2019，35（11）：174－192.

［25］何涌．R&D投入能促进企业创新质量的提升吗？——基于风险投资的调节作用［J］．经济经纬，2019，36（4）：118－125.

［26］何玉润，林慧婷，王茂林．产品市场竞争、高管激励与企业创新——基于中国上市公司的经验证据［J］．财贸经济，2015（2）：125－135.

［27］胡海峰，窦斌，王爱萍．企业金融化与生产效率［J］．世界经济，2020，43（1）：70－96.

［28］胡晖，张璐．利率市场化对成长型企业融资约束的影响——基于对中小板企业的研究［J］．经济评论，2015（5）：141－153.

［29］胡江峰，黄庆华，潘欣欣．碳排放交易制度与企业创新质量：抑制还是促进［J］．中国人口·资源与环境，2020，30（2）：49－59.

［30］胡奕明，王雪婷，张瑾．金融资产配置动机："蓄水池"或"替代"？——来自中国上市公司的证据［J］．经济研究，2017，52（1）：181－194.

［31］胡志颖，李瑾，果建竹．研发投入与IPO抑价：风险投资的调节效应［J］．南开管理评论，2015，18（6）：113－124.

［32］黄灿，贾凡胜，蒋青嬗．中国宗教传统与企业创新——基于佛教传统的经验证据［J］．管理科学，2019，32（4）：62－75.

［33］黄贤环，王瑶．集团内部资本市场与企业金融资产配置："推波助澜"还是"激浊扬清"［J］．财经研究，2019，45（12）：124－137.

［34］江静．融资约束与中国企业储蓄率：基于微观数据的考察［J］．管理世界，2014（8）：18－29.

［35］姜付秀，蔡文婧，蔡欣妮，李行天．银行竞争的微观效应：来自融资约束的经验证据［J］．经济研究，2019，54（6）：72－88.

［36］解维敏，方红星．金融发展、融资约束与企业研发投入［J］．金融研究，2011（5）：171－183.

［37］鞠晓生，卢荻，虞义华．融资约束、营运资本管理与企业创新

可持续性 [J]. 经济研究, 2013, 48 (1): 4 – 16.

[38] 孔东民, 徐茗丽, 孔高文. 企业内部薪酬差距与创新 [J]. 经济研究, 2017, 52 (10): 144 – 157.

[39] 寇宗来, 高琼. 市场结构、市场绩效与企业的创新行为——基于中国工业企业层面的面板数据分析 [J]. 产业经济研究, 2013 (3): 1 – 11, 110.

[40] 李春涛, 闫续文, 宋敏, 杨威. 金融科技与企业创新——新三板上市公司的证据 [J]. 中国工业经济, 2020 (1): 81 – 98.

[41] 李汇东, 唐跃军, 左晶晶. 用自己的钱还是用别人的钱创新? ——基于中国上市公司融资结构与公司创新的研究 [J]. 金融研究, 2013 (2): 170 – 183.

[42] 李健, 薛辉蓉, 潘镇. 制造业企业产品市场竞争、组织冗余与技术创新 [J]. 中国经济问题, 2016 (2): 112 – 125.

[43] 李钧, 柳志娣, 王振源. 管理层能力对企业创新绩效的影响研究——产权性质与产品市场竞争的调节作用 [J]. 华东经济管理, 2020, 34 (6): 47 – 55.

[44] 李梅, 余天骄. 东道国制度环境与海外并购企业的创新绩效 [J]. 中国软科学, 2016 (11): 137 – 151.

[45] 李香菊, 贺娜. 税收激励有利于企业技术创新吗? [J]. 经济科学, 2019 (1): 18 – 30.

[46] 李政, 杨思莹. 财政分权、政府创新偏好与区域创新效率 [J]. 管理世界, 2018, 34 (12): 29 – 42, 110, 193 – 194.

[47] 李仲泽. 机构持股能否提升企业创新质量 [J]. 山西财经大学学报, 2020, 42 (11): 85 – 98.

[48] 林毅夫, 章奇, 刘明兴. 金融结构与经济增长: 以制造业为例 [J]. 世界经济, 2003 (1): 3 – 21, 80.

[49] 林洲钰, 林汉川, 邓兴华. 所得税改革与中国企业技术创新 [J]. 中国工业经济, 2013 (3): 111 – 123.

[50] 凌立勤，王璐奇. 金融发展与民营企业融资约束 [J]. 管理学刊，2017，30（1）：52 – 62.

[51] 刘端，陈诗琪，陈收. 制造业上市公司的股权增发、外部融资依赖对企业创新的影响 [J]. 管理学报，2019，16（8）：1168 – 1178.

[52] 刘斐然，胡立君，范小群. 产学研合作对企业创新质量的影响研究 [J]. 经济管理，2020，42（10）：120 – 136.

[53] 刘刚. 企业的异质性假设——对企业本质和行为基础的演化论解释 [J]. 中国社会科学，2002（2）：56 – 68，206.

[54] 刘贯春. 金融资产配置与企业研发创新："挤出"还是"挤入"[J]. 统计研究，2017，34（7）：49 – 61.

[55] 刘家树，张娟. 股权融资对创新模式选择的影响效应研究——基于创新投入的中介作用 [J]. 科学管理研究，2019，37（6）：105 – 112.

[56] 刘劲杨. 知识创新、技术创新与制度创新概念的再界定 [J]. 科学学与科学技术管理，2002（5）：5 – 8.

[57] 刘诗源，林志帆，冷志鹏. 税收激励提高企业创新水平了吗？——基于企业生命周期理论的检验 [J]. 经济研究，2020，55（6）：105 – 121.

[58] 卢馨，张乐乐，李慧敏，丁艳平. 高管团队背景特征与投资效率——基于高管激励的调节效应研究 [J]. 审计与经济研究，2017，32（2）：66 – 77.

[59] 罗思平，于永达. 技术转移、"海归"与企业技术创新——基于中国光伏产业的实证研究 [J]. 管理世界，2012（11）：124 – 132.

[60] 罗子嫄，靳玉英. 资本账户开放对企业融资约束的影响及其作用机制研究 [J]. 财经研究，2018，44（8）：101 – 113.

[61] 马永强，路媛媛. 企业异质性、内部控制与技术创新绩效 [J]. 科研管理，2019，40（5）：134 – 144.

[62] 孟庆斌，侯粲然. 社会责任履行与企业金融化——信息监督还

是声誉保险 [J]. 经济学动态, 2020 (2): 45 – 58.

[63] 牛建波, 李胜楠, 杨育龙, 董晨悄. 高管薪酬差距、治理模式和企业创新 [J]. 管理科学, 2019, 32 (2): 77 – 93.

[64] 潘海英, 王春凤. 实体企业金融化抑制了企业创新吗?——基于高质量发展背景下企业创新双元视角 [J]. 南京审计大学学报, 2020, 17 (2): 49 – 58.

[65] 潘士远, 蒋海威. 融资约束对企业创新的促进效应研究 [J]. 社会科学战线, 2020 (5): 242 – 248.

[66] 潘越, 宁博, 纪翔阁, 戴亦一. 民营资本的宗族烙印: 来自融资约束视角的证据 [J]. 经济研究, 2019, 54 (7): 94 – 110.

[67] 彭俞超, 韩珣, 李建军. 经济政策不确定性与企业金融化 [J]. 中国工业经济, 2018 (1): 137 – 155.

[68] 沈国兵, 袁征宇. 互联网化、创新保护与中国企业出口产品质量提升 [J]. 世界经济, 2020, 43 (11): 127 – 151.

[69] 沈红波, 寇宏, 张川. 金融发展、融资约束与企业投资的实证研究 [J]. 中国工业经济, 2010 (6): 55 – 64.

[70] 谈儒勇. 中国金融发展和经济增长关系的实证研究 [J]. 经济研究, 1999 (10): 53 – 61.

[71] 田轩, 孟清扬. 股权激励计划能促进企业创新吗 [J]. 南开管理评论, 2018, 21 (3): 176 – 190.

[72] 田原, 王宗军, 王山慧. 产品市场竞争对企业技术创新影响的实证研究——基于中国上市公司的经验证据 [J]. 工业工程与管理, 2013, 18 (2): 104 – 110.

[73] 万佳彧, 周勤, 肖义. 数字金融、融资约束与企业创新 [J]. 经济评论, 2020 (1): 71 – 83.

[74] 王海成, 吕铁. 知识产权司法保护与企业创新——基于广东省知识产权案件"三审合一"的准自然试验 [J]. 管理世界, 2016 (10): 118 – 133.

［75］王红建，曹瑜强，杨庆，杨筝. 实体企业金融化促进还是抑制了企业创新——基于中国制造业上市公司的经验研究［J］. 南开管理评论，2017，20（1）：155-166.

［76］王全景，温军. 地方官员变更与企业创新——基于融资约束和创新贡献度的路径探寻［J］. 南开经济研究，2019（3）：198-225.

［77］魏志华，曾爱民，李博. 金融生态环境与企业融资约束——基于中国上市公司的实证研究［J］. 会计研究，2014（5）：73-80，95.

［78］温忠麟，叶宝娟. 中介效应分析：方法和模型发展［J］. 心理科学进展，2014，22（5）：731-745.

［79］吴超鹏，唐菂. 知识产权保护执法力度、技术创新与企业绩效——来自中国上市公司的证据［J］. 经济研究，2016，51（11）：125-139.

［80］吴延兵. 中国工业产业创新水平及影响因素——面板数据的实证分析［J］. 产业经济评论，2006，5（2）：155-171.

［81］肖曙光，彭文浩，黄晓凤. 当前制造业企业的融资约束是过度抑或不足——基于高质量发展要求的审视与评判［J］. 南开管理评论，2020，23（2）：85-97.

［82］肖忠意，林琳. 企业金融化、生命周期与持续性创新——基于行业分类的实证研究［J］. 财经研究，2019，45（8）：43-57.

［83］谢军，黄志忠. 区域金融发展、内部资本市场与企业融资约束［J］. 会计研究，2014（7）：75-81，97.

［84］徐细雄，李万利. 儒家传统与企业创新：文化的力量［J］. 金融研究，2019（9）：112-130.

［85］许庆瑞. 技术创新管理［M］. 杭州：浙江大学出版社，1990.

［86］严成樑，李涛，兰伟. 金融发展、创新与二氧化碳排放［J］. 金融研究，2016（1）：14-30.

［87］易靖韬，张修平，王化成. 企业异质性、高管过度自信与企业创新绩效［J］. 南开管理评论，2015，18（6）：101-112.

［88］余明桂，钟慧洁，范蕊. 民营化、融资约束与企业创新——来自中国工业企业的证据［J］. 金融研究，2019（4）：75 – 91.

［89］虞义华，赵奇锋，鞠晓生. 发明家高管与企业创新［J］. 中国工业经济，2018（3）：136 – 154.

［90］战明华. 金融发展与经济增长的效率：有效的金融深化变量选择及其效应［J］. 统计研究，2004（8）：13 – 20.

［91］张成思，张步昙. 再论金融与实体经济：经济金融化视角［J］. 经济学动态，2015（6）：56 – 66.

［92］张成思，郑宁. 中国实业部门金融化的异质性［J］. 金融研究，2019（7）：1 – 18.

［93］张成思，朱越腾，芦哲. 对外开放对金融发展的抑制效应之谜［J］. 金融研究，2013（6）：16 – 30.

［94］张杰，高德步. 金融发展与创新：来自中国的证据与解释［J］. 产业经济研究，2017（3）：43 – 57.

［95］张杰，芦哲，郑文平，陈志远. 融资约束、融资渠道与企业R&D 投入［J］. 世界经济，2012，35（10）：66 – 90.

［96］张杰，郑文平，新夫. 中国的银行管制放松、结构性竞争和企业创新［J］. 中国工业经济，2017（10）：118 – 136.

［97］张倩肖，冯雷. 宏观经济政策不确定性与企业技术创新——基于我国上市公司的经验证据［J］. 当代经济科学，2018，40（4）：48 – 57，126.

［98］张祥建，徐晋，徐龙炳. 高管精英治理模式能够提升企业绩效吗？——基于社会连带关系调节效应的研究［J］. 经济研究，2015，50（3）：100 – 114.

［99］张璇，李子健，李春涛. 银行业竞争、融资约束与企业创新——中国工业企业的经验证据［J］. 金融研究，2019（10）：98 – 116.

［100］张璇，刘贝贝，汪婷，李春涛. 信贷寻租、融资约束与企业创新［J］. 经济研究，2017，52（5）：161 – 174.

[101] 张志强. 金融发展、研发创新与区域技术深化 [J]. 经济评论, 2012 (3): 82 – 92.

[102] 赵奇锋, 王永中. 薪酬差距、发明家晋升与企业技术创新 [J]. 世界经济, 2019, 42 (7): 94 – 119.

[103] 赵伟, 韩媛媛, 赵金亮. 异质性、出口与中国企业技术创新 [J]. 经济理论与经济管理, 2012 (4): 5 – 15.

[104] 赵勇, 雷达. 金融发展与经济增长: 生产率促进抑或资本形成 [J]. 世界经济, 2010, 33 (2): 37 – 50.

[105] 赵振全, 薛丰慧. 金融发展对经济增长影响的实证分析 [J]. 金融研究, 2004 (8): 94 – 99.

[106] 钟腾, 汪昌云. 金融发展与企业创新产出——基于不同融资模式对比视角 [J]. 金融研究, 2017 (12): 127 – 142.

[107] 周凤秀, 张建华. 贸易自由化、融资约束与企业创新——来自中国制造业企业的经验研究 [J]. 当代财经, 2017 (6): 100 – 108.

[108] 周黎安, 罗凯. 企业规模与创新: 来自中国省级水平的经验证据 [J]. 经济学 (季刊), 2005 (2): 623 – 638.

[109] 周立, 王子明. 中国各地区金融发展与经济增长实证分析: 1978 ~ 2000 [J]. 金融研究, 2002 (10): 1 – 13.

[110] Akerlof, G. The Market for Lemons: Quality Uncertainty and the Market Mechanism [J]. Quarterly Journal of Economics, 1970, 84 (3): 488 – 500.

[111] Ang, J. B., Madsen, J. B. Can Second-Generation Endogenous Growth Models Explain Productivity Trends and Knowledge Production in the Asian Miracle Economics? [J]. Review of Economics and Statistics, 2011, 93 (4): 1360 – 1373.

[112] Anton, J. J., Greene, H., Yao, D. A. Policy Implications of Weak Patent Rights [J]. Innovation Policy and the Economy, 2006 (6): 1 – 26.

[113] Arrow, K. J. Uncertainty and the Welfare Economics of Medical Care [J]. American Economic Review, 1963, 53 (5): 941 –73.

[114] Atanassov, J. , Julio, B. , Leng, T. The Bright Side of Political Uncertainty: The Case of R&D [J]. Social Science Electronic Publishing, 2015.

[115] Bagehot, W. Lombard Street: A Description of the Money Market [M]. London, MA: Henry S. King & Co. , 1873.

[116] Balsmeier, B. , Fleming, L. , Manso, G. Independent Boards and Innovation [J]. Journal of Financial Economics, 2017, 123: 536 – 557.

[117] Barker, V. L. , Mueller, G. C. CEO Characteristics and Firm R&D Spending [J]. Management Science, 2002, 48: 782 –801.

[118] Baron, R. M. , Kenny, D. A. The Moderator-mediator Variable Distinction in Social Psychological Research: Conceptual, Strategic and Statistical Considerations [J]. Journal of Personality and Social Psychology, 1986, 51 (6): 1173 –1182.

[119] Beatty, A. , Scott Liao, W. , Weber, J. The Effect of Private Information and Monitoring on the Role of Accounting Quality in Investment Decisions [J]. Contemporary Accounting Research, 2010, 27 (1): 17 –47.

[120] Beck, T. , Demirguc-Kunt, A. , Maksimovic, V. Financing Patterns around the World: Are Small Firms Different? [J] Journal of Financial Economic, 2008, 89 (3): 467 –487.

[121] Bencivenga, V. , Smith, B. , Star, R. Transactions Costs, Technological Choice, and Endogenous Growth [J]. Journal of Economic Theory, 1995, 67 (1): 153 –177.

[122] Benfratello, L. , Schiantarelli, F. , Sembenelli, A. Banks and Innovation: Microeconometric Evidence on Italian Firms [J]. Journal of Financial Economics, 2008, 90 (2): 197 –217.

[123] Bercivenga, V. R., Smith, B. D. Financial Development and Endogenous Growth [J]. The Review of Economic Studies, 1991, 58 (2): 195 – 209.

[124] Bhattacharya, U., Hsu, P. H., Tian, X., et al. What Affects Innovation More: Policy or Policy Uncertainty ? [J]. Journal of Financial and Quantitative Analysis, 2017, 52 (5): 1869 – 1901.

[125] Blackburn, K., Hung, V. T. Y. A Theory of Growth, Financial Development and Trade [J]. Economica, 1998, 65 (257): 107 – 124.

[126] Blundell, R., Griffith, R., Van Reenen, J. Market Share, Market Value and Innovation in a Panel of British Manufacturing Firms [J]. Review of Economic Studies, 1999, 66 (3): 529 – 554.

[127] Bravo-Biosca, A. Essays on Innovation and Finance [M]. Cambridge, MA: Harvard University, 2007.

[128] Broadberry, S., Crafts, N. Competition and Innovation in 1950's Britain [J]. Business History, 2001, 43 (1): 97 – 118.

[129] Canepa, A., Stoneman, P. Financial Constraints to Innovation in the UK: Evidence from CIS2 and CIS3 [J]. Oxford Economic Papers, 2008, 60 (4): 394 – 398.

[130] Cecchetti, S. G., Kharroubi, E. Why Does Financial Sector Growth Crowd Out Real Economic Growth [R]. BIS Working Papers No. 490, 2015.

[131] Chang, X., Fu, K., Low, A., Zhang, W. Non-Executive Employee Stock Options and Corporate Innovation [J]. Journal of Financial Economics, 2015, 115 (1): 168 – 188.

[132] Chemmanur, T J., Loutskina, E., Tian, X. Corporate Venture Capital, Value Creation, and Innovation [J]. Review of Financial Studies, 2014, 27 (8): 2434 – 2473.

[133] Chen, S. S., Wang, Y. Financial Constraints and Share Repur-

chases [J]. Journal of Financial Economics, 2012, 105 (2): 311 -331.

[134] Chong, T. T. , Lu, L. , Ongena, S. Does Banking Competition Alleviate or Worsen Credit Constraints Faced by Small-and Medium-sized Enterprises? Evidence from China [J]. Journal of Banking & Finance, 2013, 37 (9): 3412 -3424.

[135] Claessens, S. , Tzioumis, K. Measuring Firms' Access to Finance [R]. World Bank and Brooking Conference Paper, 2006.

[136] Cornaggia, J. , Mao, Y. , Tian, X. , Wolfe, B. Does Banking Competition Affect Innovation [J]. Journal of Financial Economics, 2015, 115 (1): 189 -209.

[137] Cucculelli, M. , Ermini, B. Risk Attitude, Product Innovation and Firm Growth: Evidence from Italian Manufacturing Firms [J]. Economics Letters, 2013, 118: 275 -279.

[138] Di Patti, E. B. , Dell'Ariccia, G. Bank Competition and Firm Creation [J]. Journal of Money, Credit and Banking, 2004, 36 (2): 225 - 251.

[139] Dosi, G. , Marengo, L. , Pasquali, C. How Much Should Society Fuel the Greed of Innovators? On the Relations between Appropriability, Opportunities and Rates of Innovation [J]. Research Policy, 2006, 35 (8): 1110 -1121.

[140] Duchin, R. , Gilbert, T. , Harford, J. , Hrdlicka, C. Precautionary Savings with Risky Assets: When Cash Is Not Cash [J]. The Journal of Finance, 2017, 72 (2): 793 -852.

[141] Enos, J. L. Petroleum Progress and Profits: A History of Progress Innovation [M]. Cambridge, MA: The MIT Press, 1962.

[142] Firth, M. , Leung, T. Y. , Rui, O. M. , Na, C. Relative Pay and Its Effects on Firm Efficiency in a Transitional Economy [J]. Journal of Economic Behavior & Organization, 2015, 110: 59 -77.

［143］ Freeman, C. Economics of Industrial Innovation ［M］. Cambridge, MA: The MIT Press, 1982.

［144］ Galbis, V. Financial Intermediation and Economic Growth in Less-developed Countries: A Theoretical Approach ［J］. The Journal of Development Studies, 1977, 13 (2): 58 – 72.

［145］ Gayle, P. G. Market Concentration and Innovation: New Empirical Evidence on the Schumpeterian Hypothesis ［R］. Kansas State University, Department of Economics, Working Paper, 2003.

［146］ Goldsmith, R. W. Financial Structure and Development ［M］. New Haven, MA: Yale University Press, 1969.

［147］ Greenwood, J., Jovanovic, B. Financial Development and Economic Development ［J］. Economic Development and Cultural Change, 1990, 15: 257 – 268.

［148］ Grossman, G., Helpman. Innovation and Growth in the Global Economy ［M］. Cambridge, MA: The MIT Press, 1991.

［149］ Hadlock, C. J., Pierce, J. R. New Evidence on Measuring Financial Constraints: Moving Beyond the KZ Index ［J］. Riview of Financial Studies, 2010, 23 (5): 1909 – 1940.

［150］ Hall, B. H., Lerner, J. The Financing of R&D and Innovation ［J］. Handbook of the Economics of Innovation, 2010 (1): 609 – 639.

［151］ Harford, J., Klasa, S., Maxwell, W. F. Refinancing Risk and Cash Holdings ［J］. The Journal of Finance, 2014, 69 (3): 975 – 1012.

［152］ He, J., Tian, X. The Dark Side of Analyst Coverage: The Case of Innovation ［J］. Journal of Financial Economics, 2013, 109 (3): 856 – 878.

［153］ Henderson, R. M., Clark, K. B. Architechural Innovation: The Reconfiguration of Existing Product Technologies and Failure of Established Firms ［J］. Administrative Science Quarterly, 1990, 35: 9 – 30.

[154] Hicks, J. A Theory of Economic History [M]. Oxford, MA: Clarendon Press, 1969.

[155] Hirshleifer, D., Low, A., Teoh, S. H. Are Overconfident CEOs Better Innovators? [J]. Journal of Finance, 2012, 67: 1457 –1498.

[156] Hovakimian, G. Determinants of Investment Cash Flow Sensitivity [J]. Financial Management, 2009, 38 (1): 161 –183.

[157] Hsu, P. H., Tian, X., Xu, Y. Financial Development and Innovation: Cross Country Evidence [J]. Journal of Financial Economics, 2014, 112 (1): 116 –135.

[158] Jefferson, G. H., Bai, H., Guan, X., Yu, X. R&D Performance in Chinese Industry [J]. Economics of Innovation and New Technology, 2004, 13 (1/2): 345 –366.

[159] Jeffrey, W. Financial Market and the Allocation of Capital [J]. Journal of Financial Economics, 2000, 58: 187 –214.

[160] Jensen, M. C., Meckling, W. H. Theory of the Firm: Managerial Behavior, Agency Costs and Ownership Structure [J]. Journal of Financial Economics, 1976, 3 (4), 305 –360.

[161] Jia, N., Tian, X., Zhang, W. The Real Effects of Tournament Incentives: The Case of Firm Innovation [J]. Kelley School of Business Research Paper, 2016, 15 (2): 16 –21.

[162] Kafouros, M., Wang, C., Piperopoulos, P., Zhang, M. Academic Collaborations and Firm Innovation Performance in China: The Role of Region-specific Institutions [J]. Research Policy, 2015, 44 (3), 803 – 817.

[163] Kang, M., W. Wang, C. Eom. Corporate Investment and Stock Liquidity: Evidence on the Price Impact of Trade [J]. Review of Financial Economics, 2017, 33 (1): 1 –11.

[164] Kaplan, S. N., Zingales, L. Do Investment-cash Flow Sensitivi-

ties Provide Useful Measures of Financing Constraints? [J]. Quarterly Journal of Economics, 1997, 112 (1): 169 –215.

[165] Keynes, J. M. The General Theory of Employment, Interest, and Money [M]. London, MA: Macmillan, 1936.

[166] Khan, A. Financial Development and Economic Growth [J]. Macroeconomic Dynamics, 2001, 5 (3): 413 –433.

[167] King, R. G. , Levine, R. Finance, Entrepreneurship, and Growth: Theory and Evidence [J]. Journal of Monetary Economics, 1993, 32 (3): 513 –542.

[168] Krugman, P. The Market Mystique [N]. New York Times, 26 March, 2009.

[169] Kwan, Y. Y. , Chiu, C. Y. Country Variations in Different Innovation Outputs: The Interactive Effect of Institutional Support and Human Capital [J]. Journal of Organizational Behavior, 2015, 36 (7): 1050 –1070.

[170] Laeven, L. , Levine, R. Stelios Michalopoulos. Financial Innovation and Endogenous Growth [J]. Economics Working Papers, 2015, 24 (1): 1 –24.

[171] Levine, R. , Zervos, S. Stock Markets, Banks, and Economic Growth [J]. American Economic Review, 1998, 6: 537 –558.

[172] Levine, R. Bank-Based or Market-Based Financial Systems: Which is Better? [J]. Journal of Financial Intermediation, 2002, 11 (4): 398 –428.

[173] Levine, R. Financial Development and Economic Growth: Views and Agenda [J]. Journal of Economic Literature, 1997, 35 (2): 688 – 726.

[174] Levine, R. Stock Market, Growth, and Tax Policy [J]. Journal of Financial, 1991, 46 (4): 1445 –1465.

[175] Loayza, N. , Ranciere, R. Financial Development, Financial

Fragility, and Growth [J]. Journal of Money, Credit, and Banking, 2006, 38 (4): 1051 –1076.

[176] Lu, F. , Yao, Y. The Effectiveness of Law, Financial Development and Economic Growth in an Economy of Financial Repression: Evidence from China [J]. World Development, 2009, 37: 763 –777.

[177] Lucas, R. , Jr, E. On the Mechanics of Economic Development [J]. Journal of Monetary Economics, 1988, 22: 3 –24.

[178] Lunn, J. R&D, Concentration and Advertising: A Simultaneous Equation Model [J]. Managerial and Decision Economics, 1989, 10 (2): 101 –105.

[179] Mansfield, E. Industrial Research and Technological Innovation: An Econometrics Analysis [M]. New York, MA: Norton, 1968.

[180] Mansfield, E. The Economics of Technological Change [M]. London, MA: Longmans, 1968.

[181] Mckinnon, R. I. Money and Capital in Economic Development [M]. Washington, D. C. , MA: Brookings Institution Press, 1973.

[182] Melitz, M. J. The Impact of Trade on Intra-Industry Reallocation and Aggregate Industry Productivity [J]. Ecanometrica, 2003, 71 (6): 1695 –1725.

[183] Merton, R. C. , Bodie, Z. A Conceptual Framework for Analyzing the Financial Environment [M] //Grane, D. , et al. (eds). The Global Financial System: A Functional Perspective. Boston, MA: Harvard Business School Press, 1995.

[184] Morales, M. F. Financial Intermediation in a Model of Growth Through Creative Destruction [J]. Macroeconomic Dynamics, 2003, 7 (3): 363 –393.

[185] Nanda, R. , Nicholas, T. Did Bank Distress Stifle Innovation During the Great Depression? [J]. Journal of Finanvial Economics, 2014,

114 (2): 273 – 292.

[186] Porter, M. E. The Competitive Advantage of Nations [M]. New York, MA: Free Press, 1990.

[187] Qian, H. Diversity Versus Tolerance: The Social Drivers of Innovation and Entrepreneurship in US Cities [J]. Urban Studies, 2013, 50 (13): 2718 – 2735.

[188] Rajan, R., Zingales, L. Financial Dependence and Growth [J]. American Economic Review, 1998, 88 (3): 559 – 586.

[189] Rao, N. Do Tax Credits Stimulate R&D Spending? The Effect of the R&D Tax Credit in Its First Decade [J]. Journal of Public Economics, 2016, 140: 1 – 12.

[190] Saint-Paul, G. Technological Choice, Financial Markets and Economic Development [J]. European Economic Review, 1992, 36 (4): 763 – 781.

[191] Schumpeter J. A. The Theory of Economic Development [M]. Cambridge, MA: Harvard University Press, 1934.

[192] Shaw, E. Financial Deeping in Economic Development [M]. Oxford, MA: Oxford University Press, 1969.

[193] Shinkle, G. A., Mccann, B. T. New Product Deployment: The Moderating Influence of Economic Institutional Context [J]. Strategic Management Journal, 2014, 35 (7): 1091 – 1101.

[194] Shleifer, A., Vishny, R. W. A Survey of Corporate Governance [J]. The Journal of Finance, 1997, 52 (2), 737 – 783.

[195] Sirri, E. R., Tufano, P. The Economic of Pooling in the Global Financial System: A Functional Perspective [M]. Boston, MA: Harvard Business School Press, 1995.

[196] Solomon, T. Financial Architecture and Economic Performance: International Evidence [J]. Financial Development and Technology, 2002,

11: 429 –454.

[197] Whited, T. , Wu, G. Financial Constraints Risk [J]. Review of Financial Studies, 2006, 19 (2): 531 –559.

[198] Zhang, J. , Wang, L. , Wang, S. Financial Development and Economic Growth: Recent Evidence from China [J]. Journal of Comparative Economics, 2012, 40 (3): 393 –412.